新时代 ● 管理新思维

股权全案

股权融资+动态股权+股权并购

黎刚　著

ESSENTIALS
OF EQUITY

清华大学出版社
北京

内 容 简 介

无论是初创公司还是已经成熟的公司，股权问题都是一道坎，必须解决。本书针对新时代股权解决方案，全面阐述了股权融资、动态股权、股权并购等方面知识，具有很强的实用性和可操作性，符合当下大多数公司的需求。

在具体内容方面，本书站在读者角度，不但详述了与股权有关的理论、策略、方法，而且还穿插了全新的案例和直观的图表，非常适合创业者、融资者、公司管理层和对融资感兴趣的人士阅读。

图书在版编目（CIP）数据

股权全案：股权融资＋动态股权＋股权并购/黎刚著.—北京：清华大学出版社，2021.12
（新时代·管理新思维）
ISBN 978-7-302-58269-4

Ⅰ.①股… Ⅱ.①黎… Ⅲ.①股权管理－研究 Ⅳ.① F271.2

中国版本图书馆 CIP 数据核字 (2021) 第 105750 号

责任编辑：刘　洋
封面设计：徐　超
版式设计：方加青
责任校对：王凤芝
责任印制：杨　艳

出版发行：清华大学出版社
　　　　　网　　　址：http://www.tup.com.cn，http://www.wqbook.com
　　　　　地　　　址：北京清华大学学研大厦 A 座　　　　邮　　编：100084
　　　　　社 总 机：010-62770175　　　　　　　　　　邮　　购：010-62786544
　　　　　投稿与读者服务：010-62776969，c-service@tup.tsinghua.edu.cn
　　　　　质 量 反 馈：010-62772015，zhiliang@tup.tsinghua.edu.cn
印 装 者：三河市国英印务有限公司
经　　销：全国新华书店
开　　本：170mm×240mm　　　　**印　张：**16　　　**字　数：**236 千字
版　　次：2022 年 1 月第 1 版　　　**印　次：**2022 年 1 月第 1 次印刷
定　　价：79.00 元

产品编号：089929-01

前言

在全球范围内，公司的总体数量在不断上升，很多公司创造了极具价值的产品和服务，在世界经济发展中发挥着重要作用。尽管如此，很多公司也面临着内忧外患各类问题，其中比较显著的就是股权问题。

在市场竞争渐趋激烈、先进技术不断落地、社会转型持续升级的影响下，股权问题也需要一个全新的解决方案，股权融资、动态股权、股权并购应该满足公司的路径变化，适应时代的未来发展。基于这样的形势，本书应运而生。

本书的上篇讲了股权融资。首先，介绍公司进行股权融资的原因和原则，以及股权融资的四大渠道；其次，分析如何在融资之前对股权进行合理分配，并传授撰写商业计划书的技巧；再次，介绍寻找投资者的方法，以及与投资者谈判的注意事项，同时讲述为公司估值的方法；最后，介绍与投资协议有关的知识，教会大家如何对投资者的退出进行预防和处理。

本书的中篇讲了动态股权。本篇先从动态股权分配入手，解决公司不公平的问题；接着介绍里程碑、贡献值、贡献点、计提时点、股权变更等内容。通过本篇，大家可以充分了解动态股权分配的方法和技巧，同时还可以知道如何制定股权转让限制和退出机制，以及如何撰写与之相关的协议。

本书的下篇讲了股权并购实战技巧。此部分内容的讲述从公司角度出发，探讨如何更好、更安全地完成股权并购。例如，分析股权并购双方的动机，介绍与尽职调查相关的知识，罗列股权并购中的风险与处理措施；讲述股权并购文书的制作要点等。

我们希望读者能从中获得启示和灵感，在未来可以对公司的股权融资计划进行优化和调整，理解动态股权和股权并购的真谛。

对于创业融资人群、中小企业家以及公司高层管理人员、投融资研究学者、高校金融专业师生以及对股权感兴趣的其他人士来说，本书是不可多得的实战秘籍，可以帮助读者走向前景广阔的未来。

目录

上篇 股权融资

第 1 章 融资的渠道布局策略 / 2

1.1 公司为什么要融资 / 2

1.1.1 融资的必要性 / 2

1.1.2 融资的七大基本原则 / 3

1.2 寻找天使投资 / 6

1.2.1 团队和 CEO 是关键因素 / 7

1.2.2 适合年轻公司或启动阶段 / 8

1.3 吸引风险投资 / 10

1.3.1 适合中小型高新技术公司 / 10

1.3.2 高度专业化和程序化是投资决策的基础 / 11

1.4 开展私募股权融资 / 13

1.4.1 非上市公司的权益性融资 / 13

1.4.2 适用于中后期成熟公司 / 14

1.4.3 券商直投：成立管理部门 / 16

1.5 进行首次公开募股 / 17

　　1.5.1 需要聘请四大中介机构 / 17

　　1.5.2 四张图看懂 IPO 具体流程 / 18

第 2 章 融资前的股权分配 / 22

2.1 两大核心 / 22

　　2.1.1 人才核心 / 22

　　2.1.2 资金核心 / 23

　　2.1.3 真功夫：股权架构不明晰 / 24

2.2 三条原则 / 26

　　2.2.1 量化贡献，明晰投资者的权、责、利 / 26

　　2.2.2 为投资者进入留出空间 / 28

　　2.2.3 为公司的股权激励留出空间 / 28

2.3 实际操作中的四大步骤 / 29

　　2.3.1 完成长远的事业战略与上市规划 / 29

　　2.3.2 进行系统的股权规划 / 30

　　2.3.3 完善公司文化，达成内部共识 / 30

　　2.3.4 进行系统、规范的规则设计 / 31

2.4 常见的五大"死穴" / 31

　　2.4.1 平均分配股权 / 31

　　2.4.2 外部股权过多 / 32

　　2.4.3 创始人持股过少 / 32

　　2.4.4 过早地一次性分配股权 / 33

　　2.4.5 流于纸面，缺乏文化宣导 / 33

　　2.4.6 西少爷：不合理的股权架构 / 34

　　2.4.7 罗辑思维：前期股权分配不公平 / 35

第 3 章 商业计划书撰写 / 37

3.1 项目简介 / 37

　　3.1.1 描述商业模式 / 37

3.1.2 描述市场规模和发展前景 / 38

3.1.3 概括你的竞争优势 / 39

3.1.4 介绍团队如何构成"梦幻组合" / 41

3.1.5 你将在最短时间内让投资者赚翻 / 43

3.1.6 陈述你的融资金额以及资金用途 / 44

3.2 投资者最关心和敏感的四项内容 / 46

3.2.1 公司的组织架构 / 46

3.2.2 公司拿到的历史投资额 / 47

3.2.3 合约和订单 / 47

3.2.4 公司的负债 / 47

3.2.5 公司享受的优惠政策 / 48

3.3 关于商业计划书的 5 个关键问题 / 50

3.3.1 文字形式和 PPT 形式哪个好 / 50

3.3.2 最合适的页数是多少 / 51

3.3.3 可以让财务顾问代写商业计划书吗 / 56

3.3.4 投资者会偷走你的构思吗 / 56

3.3.5 怎样知道投资者对项目是否有兴趣 / 57

第 4 章 如何找到对口投资者及谈判技巧 / 59

4.1 了解领域内的投资者 / 59

4.1.1 分析投资者的过往投资案例 / 59

4.1.2 看投资者对行业的理解 / 60

4.1.3 问清投资者可以提供哪些资源 / 61

4.1.4 打探投资者在圈内的品行 / 62

4.2 约见投资者的四大渠道 / 64

4.2.1 入驻孵化器或者联合办公场地 / 64

4.2.2 通过人脉资源引荐 / 65

4.2.3 找一些靠谱的融资平台 / 66

4.2.4 抓住社交媒体上的投资者 / 67

4.3 如何在融资谈判中占据主动 / 68

4.3.1 花言巧语，不如先用实力说话 / 68

4.3.2 长篇大论，不如击中要点 / 69

4.3.3 寻求反馈，不如要点资源 / 69

4.3.4 签署投资协议，不如明确节点 / 69

4.3.5 用一些疑问词，学一点修辞学 / 70

4.3.6 滴滴出行：与 Uber 达成合作的谈判之道 / 70

第 5 章 如何判断你的公司价值 / 72

5.1 相对估值 / 72

5.1.1 可比公司分析 / 72

5.1.2 先例交易分析 / 73

5.1.3 可比交易分析 / 75

5.2 绝对估值 / 76

5.2.1 现金流贴现分析 / 77

5.2.2 利润与资产分析 / 78

5.2.3 销售额分析 / 79

5.3 互联网公司难估值 / 79

5.3.1 同样是卖手机的，小米为什么能估值 450 亿美元 / 80

5.3.2 同样是做用户的，中国移动和腾讯有什么不同 / 81

5.3.3 用户 + 流量 +ARPU / 81

5.4 不可过度关注估值 / 82

5.4.1 短期收益之后是长远代价 / 82

5.4.2 对后期的融资产生影响 / 83

5.4.3 致使条款更为严苛 / 84

第 6 章 签订投资协议必备的知识 / 85

6.1 理解投资条款清单中的十大核心条款 / 85

6.1.1 排他期 / 85

6.1.2 过桥贷款 / 86

6.1.3 员工期权 / 87

6.1.4 增资权 / 87

6.1.5 赎回权 / 88

6.1.6 对赌条款 / 89

6.1.7 优先清算权 / 91

6.1.8 优先分红权 / 93

6.1.9 强制随售权 / 94

6.1.10 董事会席位 / 94

6.2 识别融资协议中的"陷阱" / 95

6.2.1 股权锁定条款 / 95

6.2.2 危害极大的会签条款 / 97

6.2.3 财产担保条款 / 97

6.2.4 某融资协议纠纷案件解读 / 98

第7章 投资者的退出处理 / 100

7.1 给投资者提供退出通道 / 100

7.1.1 公开发行股票并上市 / 100

7.1.2 兼并收购 / 101

7.1.3 股权回购 / 102

7.1.4 公司清算 / 103

7.1.5 腾讯投资 50 个游戏项目 / 103

7.2 如何预防投资者退出 / 104

7.2.1 设立好退出机制并落实在协议上 / 105

7.2.2 尽早寻找下一轮融资 / 106

7.2.3 与投资者保持紧密联系 / 107

7.2.4 发放公司的限制性股权 / 108

7.3 投资者要求退出怎么办 / 109

7.3.1 合约未到期退出解决方案 / 109

7.3.2 第一时间进行细致深入的交流 / 110

7.3.3 审视公司现状,明确违约责任 / 111

中篇 动态股权

第8章 动态股权分配：解决不公平的矛盾 / 116

8.1 事先分配的矛盾 / 116

8.1.1 一方贡献较小，享有较大回报 / 116

8.1.2 后期一方贡献大，提出重新谈判或另起炉灶 / 118

8.2 事后分配的矛盾 / 120

8.2.1 多方疯狂寻找"功劳"证据 / 120

8.2.2 对初期分配制度质疑，多方感觉自己分得少 / 122

8.3 股权分配矛盾的解决方法 / 123

8.3.1 设置变量，多关注动态股权 / 123

8.3.2 设置短期目标，根据完成度调整股权 / 126

第9章 设置分配股权的里程碑 / 128

9.1 里程碑适用条件 / 128

9.1.1 特定类型的公司 / 128

9.1.2 新投资者加入 / 130

9.1.3 创业元老与新晋人才难平衡 / 131

9.2 里程碑设置 / 133

9.2.1 产品研发突破某一困境 / 133

9.2.2 销售额、盈利、用户数达到某一数值 / 135

9.3 股权切割方法 / 136

9.3.1 固定切割法：以未来某一里程碑切割固定股权 / 136

9.3.2 比例切割法：每次达到里程碑，切割未分配的股权 / 137

第10章 贡献值：有原则地记录成员贡献 / 139

10.1 记录内容 / 139

10.1.1 价值与利益：不能只关注资金 / 139

10.1.2 投入要素：全方位综合考量 / 140

10.2 记录原则 / 143

10.2.1 设置台阶：每满一定积分记录一次 / 143

10.2.2 将贡献值"业绩化" / 144

10.3 评估贡献值 / 145

10.3.1 股权回购下的贡献值衡量 / 145

10.3.2 贡献点与计提时点 / 146

10.3.3 评估时机：预评估 + 定期评估 / 150

第 11 章 股权变更：转让限制、退出机制 / 152

11.1 股权转让限制 / 152

11.1.1 工商股权变更 / 152

11.1.2 股权接手资格限制 / 153

11.1.3 在股东未认购时，不得向非股东转让股权 / 155

11.1.4 公司不回购，其他股东优先购买 / 156

11.1.5 原股东不购买，可转让给第三方 / 157

11.2 退出机制 / 158

11.2.1 退出即退股，不带股退出 / 158

11.2.2 资产分割协议 / 159

11.2.3 股权退出协议 / 160

下篇 股权并购

第 12 章 股权并购双方动机与实践技巧 / 164

12.1 股权并购买方动机 / 164

12.1.1 获得更强的市场控制力，提高市场效率 / 164

12.1.2 快速获得人力资本、知识产权或者其他资源 / 165

12.1.3 管理效率 / 166

12.1.4 完善产业链条 / 167

12.1.5 多样化经营或协同效应 / 168

12.2   股权并购卖方动机 / 169

12.2.1   资金短缺，急于变现 / 169

12.2.2   公司有重大风险需要转移 / 170

12.2.3   行业形势恶化 / 171

12.3   股权并购实践技巧：一体化战略 / 173

12.3.1   横向一体化：并购＋战略联盟 / 173

12.3.2   纵向一体化：相互衔接与联系 / 174

12.3.3   沃尔玛：全球最大连锁零售商的修炼之道 / 176

第13章   股权并购前尽职调查与条款设计 / 178

13.1   并购尽职调查问题及方案 / 178

13.1.1   公司资格、股权、组织性文件问题及方案 / 178

13.1.2   业务、财务问题及方案 / 180

13.1.3   法务问题及方案 / 182

13.1.4   人事问题及方案 / 185

13.2   并购关键条款及方案 / 186

13.2.1   估价条款及方案 / 186

13.2.2   价格调整条款及方案 / 186

13.2.3   价款支付条款及方案 / 187

13.2.4   基准日的选择 / 188

13.2.5   承诺和保证条款及方案 / 189

第14章   股权并购中的风险控制 / 192

14.1   并购实施阶段的风险 / 192

14.1.1   并购的风险 / 192

14.1.2   资产评估不实风险 / 194

14.1.3   产权纠纷风险 / 195

14.1.4   重大债权、债务风险 / 197

14.1.5   反并购风险 / 197

14.2 整合阶段的风险 / 199

14.2.1 财务整合的风险 / 199

14.2.2 资产整合的风险 / 199

14.2.3 业务整合的风险 / 200

14.2.4 治理结构整合的风险 / 201

14.3 合同方面条款的风险控制 / 203

14.3.1 反稀释条款 / 204

14.3.2 不竞争条款 / 205

14.3.3 登记变更条款 / 205

14.3.4 知情权条款 / 206

14.3.5 风险分析条款 / 207

第15章 股权并购文书制作及要点 / 209

15.1 股权并购可行性分析报告 / 209

15.1.1 股权并购可行性分析报告范例 / 209

15.1.2 核心要点解析 / 213

15.2 股权并购方案 / 213

15.2.1 股权并购方案范例 / 214

15.2.2 核心要点解析 / 216

15.3 股权并购意向书 / 217

15.3.1 股权并购意向书范例 / 217

15.3.2 核心要点解析 / 220

15.4 尽职调查报告 / 220

15.4.1 尽职调查报告范例 / 221

15.4.2 核心要点解析 / 223

15.5 保密协议 / 224

15.5.1 保密协议范例 / 224

15.5.2 核心要点解析 / 226

15.6　股权并购合同　/　227

　　15.6.1　股权并购合同范例（以股权转让并购为例）　/　227

　　15.6.2　核心要点解析　/　230

附录　融资新法律法规及解读　/　231

　　附录一　《发行监管问答——关于引导规范上市公司融资行为的

监管要求（修订版）》　/　231

　　附录二　稳步推进证券公开发行注册制解读　/　232

　　附录三　《关于全国中小企业股份转让系统挂牌公司转板上市的

指导意见》　/　235

　　附录四　新三板转板解读　/　236

　　附录五　《上市公司并购重组审核工作规程》　/　237

上篇　股权融资

第1章
融资的渠道布局策略

股权融资并不是一件容易的事情，投资者可能只需要关注项目前景和预期回报，但创业者则需要注意方方面面的问题。也就是说，创业者在进行股权融资之前，需要做好充分准备，例如掌握融资必要性和基本原则、选择适合公司融资的渠道等。本章主要介绍公司为什么要融资，以及股权融资的 4 个渠道（天使投资、风险投资、私募股权融资、首次公开募股）。

1.1　公司为什么要融资

对于刚刚成立的公司来说，融资可以解决前期发展中现金流不足的问题；对于急剧扩张的公司来说，融资可以满足快速发展对资本和资源的需求；对于稳步前进的公司来说，融资有助于经营、管理等工作的加强。换言之，公司要想保持良好发展，就必须引进资本和资源，在适当的时机进行融资。

1.1.1　融资的必要性

现阶段我国经济增速放缓，一些公司的日子似乎也不太好过，业内人士预言，很多公司将进入寒冬期。在"冬天"到来之前，公司要为自己预备足够的现金流。那么，公司应该如何实现这个目标呢？最有效的方法是适当融资。

在经济增速放缓和新型冠状病毒肺炎疫情影响下，公司成功存活的法宝是四个字："现金为王"。这四个字不仅是管理者应该了解的常识，还是他们应对危机的策略。借助适当融资，可以确保现金流不断裂。一个拥有充足的、可支配的现金流的公司，将是市场上的大赢家。从这个角度来看，融资对于公司的必要性一目了然。

一个公司在成立初期、扩张期、平稳期以及下滑期都需要大量资金支撑，以维持正常的现金流。在不同阶段，公司对现金流的需求程度也有所不同。因此，我们要在不同阶段进行不同程度的融资，让公司脱离缺少现金流的"泥潭"。下面以阿里巴巴的融资进程为例对此进行说明。

阿里巴巴的第一轮融资在1999年10月，金额高达500万美元。此轮融资解决了阿里巴巴资金危机，成功将阿里巴巴推向海外市场。

2000年，阿里巴巴引入第二轮融资，总计2500万美元。

2004年，阿里巴巴得到8200万美元的第三轮融资。

2005年，雅虎以10亿美元加上其在我国的资产换取阿里巴巴39%的股权，这次交易使阿里巴巴旗下的淘宝、支付宝等产品迅速壮大。

2007年，阿里巴巴在香港联合交易所有限公司（香港联交所）正式挂牌上市，融资15亿美元。按照当时的收盘价计算，阿里巴巴的市值已经接近280亿美元。

2011年，阿里巴巴获得银湖、DST（一个总部位于莫斯科的投资机构）、云飞基金的投资，总额高达近20亿美元。

2012年，阿里巴巴通过商业贷款方式得到国开行10亿美元的贷款。

2014年，阿里巴巴在纽约证券交易所正式上市，融资金额大约为220亿美元。

2019年，阿里巴巴下调了融资目标，将其降到了100亿到150亿美元。

这个案例告诉我们，即使是阿里巴巴这样的行业巨头也需要进行融资，那么为了自身长远发展，普通公司更不能忽视融资的作用。无论何时，公司总是需要应对突发危机，而应对突发危机，必然需要现金流的支持。那些不重视融资，甚至不想去融资的公司，很可能会因为现金流断裂而倒闭。

1.1.2　融资的七大基本原则

融资时，我们应该遵循七大基本原则，如图1-1所示。

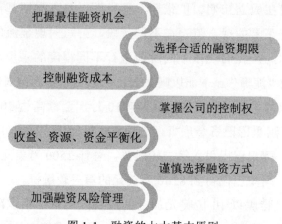

把握最佳融资机会

选择合适的融资期限

控制融资成本

掌握公司的控制权

收益、资源、资金平衡化

谨慎选择融资方式

加强融资风险管理

图 1-1　融资的七大基本原则

1. 把握最佳融资机会

把握最佳融资机会体现在创业者和投资者的交流过程中。由于投资者在投资项目时会广泛"撒网"，即先将一些项目掌握在手里，然后再做出最终的决策。但是创业者的时间非常宝贵，一旦错过最佳时机，项目就有可能"死"在自己手里。

因此，作为创业者，当你确定了公司所处发展阶段的融资战略之后，下一步就需要精准把握最佳融资机会，有策略地锁定"完美投资者"，占据主动地位，通过与投资者进行深入沟通来成功获得融资。

2. 控制融资成本

融资成本在这里是一个宽泛的概念，它不仅包含融资过程中耗费的经济成本，也包含为了融资目标而舍弃的时间、机会等无形成本。为了融资成功，我们可以满足投资者的基础要求，但是同时也需要根据公司的实际情况，将融资成本降到最低。在通常情况下，如果按照资金来源对融资进行划分，其成本由高到低依次为：财政融资，商业融资，内部融资，银行融资，债券融资，股票融资。

3. 收益、资源、资金平衡化

创业者在发现有利的融资机会后，应该果断为公司融资。不过需要注意的是，创业者应该从资源和资金这两个层面来考虑如何让公司赚取更多收益，获得更好发展。例如，阿里巴巴在创建之初，虽然规模非常小，但是靠着过硬的实力逐渐有了一些名气。

有了一定名气后，阿里巴巴也面临着资金方面的问题。于是，马云开始频繁接触投资者，但他始终坚持"宁缺毋滥"的原则。尽管非常需要资金，马云还是拒绝了30多个投资者。马云后来表示，他希望投资者不仅可以为阿里巴巴带来资金，还可以为阿里巴巴提供更多的资源，包括后续的风险投资和海外资源等。

4. 加强融资风险管理

无论是融资前、融资时，还是融资后，都需要进行风险管理。融资前，掌握财务、税务、法务等方面的知识可以规避风险；融资时，应该预防一些潜在的条款风险，如致命的对赌条款等；融资后，如果是上市公司，那就需要警惕IPO红线等。

5. 选择合适的融资期限

如果按照期限来划分，融资可以分为短期融资和长期融资。公司是选择短期融资还是长期融资，主要取决于融资用途。

如果融资是用于增加流动资产（流动资产具有周期短、易于变现、经营中所需补充金额较小、占用时间短等特点），则与短期融资更加匹配，如商业信用、短期贷款等。如果融资是用于长期投资或购置固定资产，那么就适合选择长期融资，如长期贷款、公司内部积累、租赁融资、发行债券和股票等。

6. 掌握公司的控制权

在进行融资时，为了对公司施以不同程度的影响力，创始人需要把控制权掌握在自己手里。拥有控制权的创始人可以进入公司董事会或监事会等组织，可以参与决策，也可以根据自身需求改善工作环境，分享红利。

很多时候，控制权不是一成不变的。最初，创始人和股东拥有一定的控制权；当公司面临清算、处于破产状态时，控制权就会转移到债权人手里；当公司需要借助内部融资谋求生存时，控制权就可能转移到员工手里（实际上可以做出决策的还是创始人和股东）。

这种控制权的变化会影响公司经营和管理的独立性，也会引起利润的分流，从而对创始人和原有股东的利益造成影响。例如，增发新股会削弱创始人和原有股东的控制权，除非他们也按照相应的比例购买新股。不过，如果是进行债券融资，那么仅仅会增加公司的债务，而不会影响创始人和原有股东的控制权。因此，创始人需要"擦亮眼睛"，选择合适的融资渠道。

7. 谨慎选择融资方式

在进行融资时，我们可以根据实际情况选择融资方式，不同的融资方式取得效果通常是不同的。例如，通过发行普通股并上市融资，不仅会给公司带来资金，还会提升公司的知名度和竞争力；在国际资本市场上融资，并与影响力大的投资者和投资机构合作，可以迅速被用户认识，无形之中树立和优化自身形象。

当然，除了上面提到的两种融资方式以外，天使投资、风险投资、私募股权融资等也都十分常用，并受到了诸多公司的认可。

1.2 寻找天使投资

天使投资的主要目的是帮助创意好、有发展前景、处于蓝海市场的项目走向成功，并承担创业失败的高风险，享受创业成功的高收益。天使投资是自由投资者或非正式投资机构对项目的一次性投资，一般是公司获得的第一笔投资。

对于创业者来说，天使投资者就是"天使"一般的存在。因为投资者总是在创业者仅有一个想法时就全力支持他们。而且，天使投资者还会为被投公司提供资金以外的综合资源，例如人脉、技术专利、管理经验等。下面就来讲讲如何快速俘获"天使"的心。

1.2.1 团队和CEO是关键因素

在进行投资决策时，投资者看重的其实不外乎两点：一是项目；二是人。一旦项目和人没有问题，他们很可能就会选择出手。在人的方面，投资者，尤其是天使投资者都非常关注对团队和首席执行官（Chief Executive Officer，CEO）的考察。

1. 团队

优秀的团队可以作为投资者判断项目是否可以顺利完成的依据。例如，如果团队成员之间有很强的协作与补充能力，那么就可以更好地解决危机和突发情况，从而提升项目的成功率。在投资界，有一个公认的理论，"早期投资主要就是投人"。投资者更青睐具备丰富从业经验，拥有强大政商资源，技术扎实、学习效率高，表达能力与沟通能力比较强的团队。

以雷军为例，他就曾经多次表示自己利用创业初期的大部分时间去寻找优秀团队，而小米公司自身的团队也非常出色。

小米最初的团队由林斌（原担任谷歌中国工程研究院副院长，谷歌全球工程总监）、周光平（美国佐治亚理工大学电磁学与无线技术博士，摩托罗拉中心原高级总监）、刘德（北京科技大学工业设计系原主任）、黎万强（金山软件设计中心原设计总监，金山词霸总经理）、黄江吉（微软中国工程院原开发总监）、洪峰（谷歌中国原高级产品经理）组成。对于小米公司来说，这几位人才是不可或缺的存在，帮助其获得了更多的投资。

2. CEO

优秀的CEO是项目取得成功的决定因素之一。例如，惠普公司的前主席兼CEO带领惠普从一个默默无闻的小公司发展成为全球知名的大公司，试问，哪个投资者不想和如此优秀的CEO合作呢？一般来说，投资者选择CEO的标准有三个。

（1）必须有较强的专业能力和激情。很多投资者都提倡"最专业的事情应该由最专业的 CEO 来决策"。与此同时，CEO 还要富有激情，雷军在年近 40 岁时创建了小米公司，很多投资者都被他的创业梦想和拼搏精神所打动。在竞争激烈的智能手机市场中，优秀的商业模式和充足的资金是融资的必备条件，但如果没有激情，雷军很难将这些已经有所成就的投资者吸引过来，并使小米公司的估值不断提升。

（2）有扩大圈子的社交能力。社交能力在创业过程中所起的作用越来越大，人脉圈子可以为 CEO 带来有价值的创业信息、资金和经验。如果 CEO 的社交能力比较弱，项目很有可能会走向失败，因为他们很难凭借人脉资源打通各个环节，并获得资金支持和业务支持。

以 3W 咖啡馆为例，这个咖啡馆在中关村创业大街很有名气，还被评为"互联网的创业社交圈子"。3W 咖啡馆的投资者阵容相当强大，如真格基金创始人徐小平、红杉资本创始人沈南鹏等。实际上，这些投资者愿意为 3W 咖啡馆投资并不是想得到金钱收益，而是看重其 CEO 所建立的互联网社交圈，想以此来结识更多人才，开展业务上的合作。

（3）有领导和决策能力。CEO 通常是团队的领导者，所以应该具备较强的领导和决策能力，否则就无法带领团队走向成功。即使场面混乱不堪，CEO 也能比别人更快、更准确地判断问题所在，并以自己的知识和经验来处理问题。李开复在选择项目时就极其看重 CEO 的领导和决策能力，他认为 CEO 必须"是一个富有吸引力、有人格魅力的领导者"。

在创业过程中，难免出现一些挫折，所以团队应该有凝聚力，即使遇到问题也要保持信心和特色。同时，CEO 也要有过人之处，确保手下的人可以死心塌地跟随。对于这样的团队和 CEO，投资者是很难有招架之力的。

1.2.2　适合年轻公司或启动阶段

如果你的公司有如下几个特征（如图 1-2 所示），那么就比较适合天使投资。

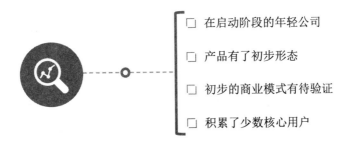

- ☐ 在启动阶段的年轻公司
- ☐ 产品有了初步形态
- ☐ 初步的商业模式有待验证
- ☐ 积累了少数核心用户

图 1-2 适合天使投资的公司

天使投资通常青睐一些尚处于构思状态的项目或者小型初创公司，投资金额比较少，一般为几百万元。如果项目有发展潜力，那么在产品和业务还没有成形时，投资者就愿意把资金投入进来。天使投资非常看重创业者，如果投资者对创业者的能力和创意深信不疑，便会愿意向其提供帮助。例如，苹果公司就因为其创始人的高瞻远瞩获得了投资者的青睐。

1976 年，还在惠普公司就职的史蒂夫·沃兹尼克（Steve Wozniak）拿出了自己设计和研发的计算机主板，非常努力地向惠普公司推荐这个产品，但遭到了拒绝。之后，他的好朋友史蒂夫·乔布斯（Steve Jobs）说："为什么我们不自己来销售这个如此出色的产品？"于是，苹果公司诞生了。

苹果公司启动期的资金来源于两位创始人。沃兹尼克忍痛割爱，把他引以为傲的 HP-65 可编程计算器卖掉了，获得了 500 美元的收益；乔布斯把他的大众汽车卖掉了，同样获得了 500 美元的收益。

当然，对于新创公司来说，这些钱只是"九牛一毛"，无法起到决定性的作用。于是，乔布斯开始寻求帮助，他找到了唐·瓦伦丁（Don Valentine，知名投资机构红杉资本的创始人）。为了得到瓦伦丁的青睐，乔布斯不断地给他打电话。过了一段时间，瓦伦丁对乔布斯说："我可以给你投资，但你需要先聘请一个营销专家，因为你对市场的情况不是很了解，对未来的市场规模也没有明确的概念，这样很难让产品和项目得到好的发展。"

瓦伦丁向乔布斯推荐了迈克·马库拉（Mike Markkula，知名天使投资者，曾经投资过英特尔）。马库拉非常喜欢乔布斯和苹果公司，所以他毅然决然地为其投资，投资总额高达 100 万美元。马库拉相信苹果公司会成为行业中的佼佼者。

1979 年，苹果公司又进行了新的融资，参与此次融资的都是大型投资机构和商业银行；1980 年，苹果公司上市，当日收盘价达到 29 美元；如今，在智能手机领域，很少有公司可以赶超苹果公司，马库拉的预想变为现实。

天使投资通常是个体或者小型公司的商业行为，符合"见好就收"的原则。就像案例中的瓦伦丁和马库拉一样，很多天使投资者自己就是非常出色的企业家，可以切实了解创业者的难处和痛点。对于起步公司来说，天使投资者是不可多得的强大"武器"。

1.3 吸引风险投资

从广义上讲，风险投资（Venture Capital，VC）泛指一切具有高风险、高潜在收益的投资；从狭义上讲，风险投资是对中小型高新技术公司投资。美国风险投资协会给风险投资的定义是"由职业金融家投入到新兴的、迅速发展的、具有巨大竞争潜力的公司中的一种权益资金"。在风险投资中，投资决策通常以高度专业化和程序化为基础。

1.3.1 适合中小型高新技术公司

如果公司处于快速成长阶段，并且是高新技术公司，那么就可以吸引风险投资。风险投资与中小型高新技术公司的融资需求有适配性，是此类公司的首选融资方式，如图 1-3 所示。

不需要财产抵押，直接以资金换取公司的股权

投资期限至少3年

提供增值服务

图 1-3 风险投资是中小型高新技术公司的首选融资方式

（1）刚起步的中小型高新技术公司通常规模比较小，而且缺乏固定资产和资金作抵押担保。而风险投资的投资决策主要建立在对技术和产品认同的基础上，往往不需要财产抵押，可以直接以资金换取公司的股权。

（2）风险投资的投资期限至少 3 年，投资方式一般为股权投资，占据被投公司 30% 左右的股权，不需要担保或抵押。

（3）风险投资者不仅能够为公司提供资金支持，还能给公司带来一定的资源。这样，无论是对项目的后期发展，还是对后续融资都将十分有利。

在吸引风险投资方面，阿里巴巴是一个不得不提的案例。2000 年，阿里巴巴还只是一家刚刚建立的小型电商公司，其创始人马云向多个风险投资机构寻求资金支持均被拒绝。随后，日本软银集团的孙正义与马云进行了一次 6 分钟的谈话，被马云打动，决定向阿里巴巴投资 2000 万美元。

2014 年，阿里巴巴成功上市，当时孙正义所持有的股份市值已经高达 580 亿美元，比最初的投资金额高出上千倍。

阿里巴巴刚刚建立时，我国的互联网尚未得到普及和发展，国民经济也不如现在这么好，计算机仍然是奢侈品。在这样的情况下，阿里巴巴排除万难，坚持把生意做到线上，这种勇于创新的精神深深吸引了孙正义。

对于想进行风险投资的中小型高新技术公司来说，具备预测未来的能力非常重要，这在很大程度上决定其拥有的财富数量。创业是"创"未来，投资也是"投"未来，创业者应该"三思而后行"，在把握发展趋势后再出手，这样可以更好地吸引到风险投资。

1.3.2 高度专业化和程序化是投资决策的基础

除了阿里巴巴，摩拜单车也是成功吸引风险投资的典型案例。在投资之前，风险投资者对摩拜单车进行了高度专业化和程序化的考察，被项目说服，最终做出了投资决策。2016 年初，摩拜单车资金短缺，联合创始人胡玮炜开始为钱发愁。当时的她根本没有想到，摩拜单车有一天可以获得众多风险投资者的青睐。

2016年3月，胡玮炜及其团队成员开始四处寻找风险投资，但大多数风险投资者听到摩拜单车"自己重金造单车，租金半小时一块钱"的模式就没有了兴趣，他们认为这种模式很难有好的前途，也无法获得持续的盈利。

此后经过不到半年时间，摩拜单车就打了一场漂亮的翻身战，一举成为我国炙手可热的项目之一，备受资本宠爱。一位风险投资者评价说："摩拜单车不仅是互联网下的刚性需求，还能得到政府支持、让用户开心，很可能成为下一个滴滴出行。这么好的机会如果不抓住，那就会错过几亿美元，甚至十几亿美元的收益。"

与滴滴出行类似，摩拜单车要想大获成功，就必须借助大量资金快速占领市场。那么，摩拜单车是如何打动风险投资者，获得资金的呢？

（1）用商业方式解决"最后3～5公里"的痛点是摩拜单车的定位。在使用摩拜单车以后，用户可以方便快捷地到达公交站、地铁站、购物中心等地点，极好地满足了用户需求，占据了很大市场。于是，摩拜单车很快获得了熊猫资本的认可，拿到了一笔不小的投资。

（2）用技术降低维护成本，用信用制度规范用车行为。首先来讲一讲如何降低维护成本。从轮毂、车体到智能U型锁，摩拜单车提供一整套独有的研发和设计方案，以求实现除了好看以外，还可以"四年免维护"。

接着来谈如何规范用车行为。摩拜单车建立了一套信用制度，以防止和治理用户的不良用车行为。另外，用户还可以通过邀请好友、分享行程、停车位置拍照等方式增加信用。

解决了上述两大难题，风险投资自然"不请自来"。

（3）现在烧钱是为了以后赚大钱。关于摩拜单车，争议焦点指向盈利模式。摩拜单车几乎不谈论盈利模式，因为如果按照成本3000元、日均使用5次、每次1元、每年有效骑行时间300天计算，其一年的收入是1500元，需要两年才能收回成本，这并不是一个划算的买卖。不过，摩拜单车的人工运营成本比较低，而且等到用户变得更多之后，收入渠道就不仅仅是租金那么简单，还可以做广告、切入电商等。

虽然从表面上看，摩拜单车并不是最理想的投资对象，但是在进行投资决策时，风险投资者往往会做专业化和程序化的分析。正是因为这样，风险投资者挖掘出了摩拜单车的潜力，坚持为其投资，助力其更好地向前发展。

1.4 开展私募股权融资

私募股权（Private Equity，PE）融资源于美国。之前，私人银行家会根据律师、会计师的安排，投资风险较大的石油、铁路等新兴行业，这是最初的 PE 融资；现在，PE 融资是指创业者私下与特定投资者或债务人商谈，并借此来筹集资金。

PE 融资包括私有股权融资和私募债务融资两种。其中，私有股权融资的融资方式是出售股权，而私募债务融资的融资方式是发行债券。但无论是哪一种，都属于非上市公司的权益性融资，通常适用于中后期成熟的公司。

1.4.1 非上市公司的权益性融资

PE 融资以具备发展潜力的非上市公司为主体，将能够通过上市带来高额投资回报视为选择项目的标准。例如，微众传媒就借助自己的上市潜力获得了 PE 融资。2014 年，微众传媒宣布获得数千万美元的 B 轮融资，此轮融资由鼎晖领投，启赋基金等四家机构跟投。

微众传媒方面表示，B 轮融资的主要目的是发展业务，以及为之后的上市奠定基础。鼎晖的投资者晏小平非常看好微众传媒的团队、技术和商业模式。另外，晏小平在很早之前就把微众传媒的上市看作水到渠成的事情。

从本质上看，PE 融资是一种权益性融资，不仅会给公司带来资金，还会为管理层提供管理支持。以鼎晖投资为例，对于投资微众传媒，晏小平表示："投资完成后，（我们）会对微众传媒在战略梳理、团队建设和资本规划、客户推荐等方面给予帮助。"

一般来说，在进行 PE 融资的过程中，投资者对被投资公司的管理享有一定的表决权。在投资工具上，PE 融资一般会采用普通股、可转让优先股以及可转债的形式。PE 融资对被投资公司的管理支持表现在五个方面，内容如图 1-4 所示。

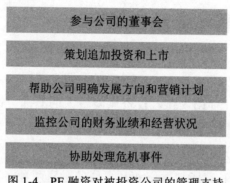

图 1-4　PE 融资对被投资公司的管理支持

PE 投资者通常有着丰富的行业经验以及大量的资源，可以为公司提供人才、融资、上市、发展战略、制度等方面的咨询和支持。如今，我国还是有一些专注于 PE 融资的公司，如鼎晖投资、九鼎投资、复兴资本等。

1.4.2　适用于中后期成熟公司

PE 融资和风险投资的不同之处就在于，后者更倾向于早期成长公司，而前者则看重有发展潜力的非上市公司，即中后期成熟的公司。对于中后期成熟的公司来说，PE 融资具有四大优势，如图 1-5 所示。

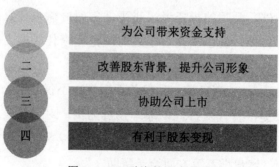

图 1-5　PE 融资的四大优势

1. 为公司带来资金支持

PE 融资的资金主要通过非公开方式面向投资者募集，其销售、赎回都是私下与投资者协商进行的。PE 融资的资金来源广泛，如政府引导基金、各类母基金、社保基金、金融机构基金等。此外，上市公司、国企、民企、富有的个人、战略投资者等也可以为 PE 融资提供资金。

PE 融资使公司的资金规模得以扩大，提高了市场竞争力，同时也使公司的负债率大大降低，减少了财务风险，提高了再融资能力。例如，蚂蚁金服曾经创下全球互联网行业最大的单笔 PE 融资记录，参与者包括中投海外、建信信托（中国建设银行下属子公司）、中邮集团（邮储银行母公司）、国开金融和春华资本等。

蚂蚁金服的 PE 融资是真正意义上的全球化融资。蚂蚁金服通过 PE 融资掌握了国内外的资金和资源，更加有利于全球化市场业务扩展、自主科研投入、全球顶尖人才招募以及金融核心业务的良性循环。如今，蚂蚁金服已经成功投资孵化了多个"独角兽"。

2. 改善股东背景，提升公司形象

公司通过 PE 融资，一方面为自身带来了雄厚的资金，另一方面也为自身带来了新的股东。这些股东会在公司的经营发展中扮演重要角色，他们会积极参与和管理公司的主要事项，并对财务决策和发展战略提出自己的看法，从而使公司形象得到进一步提升。

3. 协助公司上市

PE 融资能够在一定程度上协助公司上市。通常，公司在上市之前需要在一段时间内实现持续盈利，并保持较高的净利润和营业收入增长率。因此需要引入资金作为支持。而这时，PE 融资就可以发挥重要作用。

4. 有利于股东变现

从某种角度来看，公司进行 PE 融资的目的其实是帮助股东变现。在

进行 PE 融资的过程中，公司需要将一部分股权分给投资者，即通过出让部分股权换得资金。另外，如果公司通过募集到的资金成功上市，其股东还可以在市场上实现融通，从而进一步提高自己的收益。

PE 融资还可以为公司带来更多的增值服务，如发展战略制定、管理结构优化、业务策略制定、公司再融资等。这些增值服务可以改善公司治理结构，提升公司管理理念，从而帮助其创造更多的价值，实现快速发展。

1.4.3　券商直投：成立管理部门

中信证券、中金等是首批获得券商直投资格的公司，它们都通过设立全资子公司的模式开展直投业务。按照中国证监会的要求，目前券商直投只能用自有资金开展，投资对象为具有发展潜力的未上市公司，并且投资期限不能超过 3 年。还有一些券商通过"曲线"直投的策略参与 PE 投资，主要有以下的 3 种方式，如图 1-6 所示。

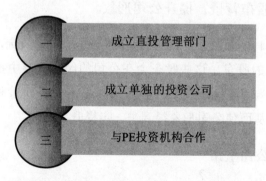

一　成立直投管理部门

二　成立单独的投资公司

三　与PE投资机构合作

图 1-6　"曲线"直投参与 PE 投资的三种方式

成立直投管理部门是指券商在内部成立相关机构，以专项理财计划的形式募集资金；券商还可以成立单独的投资公司或者投资基金管理公司，或者通过关联的投资公司或投资基金管理公司进行直投；券商还可以与专业 PE 投资机构合作，以基金管理者或投资顾问身份参与投资。券商直投的范围较小，但后期获得资金支持的概率比较大。

1.5　进行首次公开募股

首次公开募股（Initial Public Offering，IPO）是指公司将全部资本等额划分为股票，经过中国证监会批准后在市场上发行，投资者也可以直接购买。公司一旦上市，其股票就需要根据证监会提出的条款通过经纪商进行销售。

IPO可以让公司在发行股票的同时进行融资，它是公司上市的标志，也是公司的一个全新开始。公司可以通过上市获得巨额资金，但同时也要面临更大的风险，例如因经营不善而退市。

对于公司来说，IPO不是一蹴而就的，而是需要一个漫长的过程。首先公司要达到上市要求，然后准备好申报材料向证监会提出申请，经过重重审核后，才可以正式发行股票。也就是说，IPO需要经过前期准备、IPO申报、审核、发行四个阶段。

1.5.1　需要聘请四大中介机构

一般来说，如果公司有上市需求，那么就应该聘请四大中介机构：证券机构（券商）、会计师事务所、评估机构、律师事务所。各中介机构的相关情况如表1-1所示。

表1-1　各中介机构的相关情况

中 介 机 构	从 业 资 格	签字人员资格	工 作 内 容
证券机构（券商）	保荐机构资格	保荐代表人	总体把控、协助融资、上市辅导、材料申报、股票承销
会计师事务所	证券、期货相关资格	注册会计师	出具审计报告、验证上市资格、协助财务规范
评估机构	证券业评估资格	注册资产评估师	股权分置改革评估、并购重组评估
律师事务所	—	律师	出具法律意见书、协助法律规范

在聘请中介机构时，公司一定不要走入以下几个误区。

（1）不同中介机构之间的差异性不大，都可以承接IPO业务。为了尽快上市，公司应该先与券商合作，由券商选择合适的其他中介机构。如果公司自己选择其他中介机构，不仅工作量比较大，还容易出现协调困难、搁浅上市等情况。

我国有诸多券商，只要具备保荐机构资格，就可以考虑。一般来说，大型券商业务比较多，对项目的重视程度相对差一点；中小型券商业务相对较少，对项目会更加重视。在具体操作时，我们需要根据公司规模进行选择，例如净利润超过1亿元的公司，就可以优先选择大型券商；净利润两三千万元的公司，则可以选择中小型券商。

（2）下半年聘请中介机构，次年申报材料。公司需要在4月之前聘请中介机构，这样可以留给中介机构一些时间开展尽职调查与审计工作。在5月底之前，中介机构可以协助公司完成申报期限第1年的所得税汇算清缴，从而确保上市进程不被影响。

（3）中介机构是乙方，需要按照公司要求去做。在上市过程中，公司是甲方，中介机构是乙方，这没有问题。但上市操作专业度非常高，很多细节是公司难以注意和察觉到的，而且当出现问题时，公司也无法以最快速度给出妥善的解决措施。所以在很多事情上，中介机构不能，也无法全部按照公司的要求去做，只能参考公司的建议。

上市往往需要公司和各中介机构共同努力，所以大家要进行良好合作，尤其是券商与律师事务所、会计师事务所之间。在上市时，中介机构的费用也是公司需要考虑的，具体费用通常由双方协商确定。

1.5.2 四张图看懂IPO具体流程

一般来说，IPO需要经过前期准备、IPO申报、审核、发行四个阶段，这四个阶段分别可以用四张图来表示，如图1-7~图1-10所示。

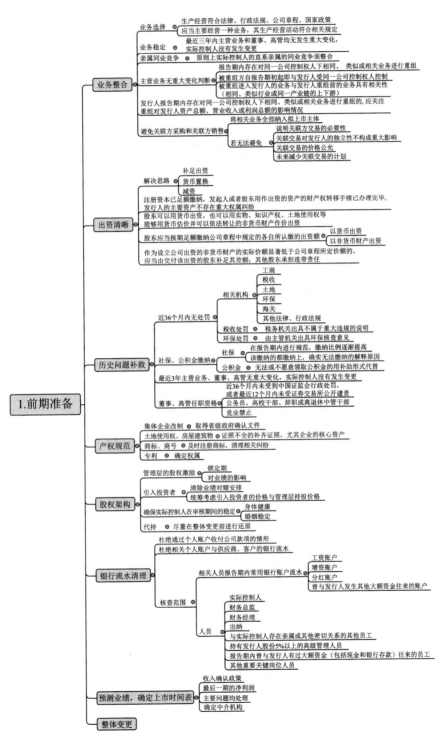

图 1-7 前期准备阶段

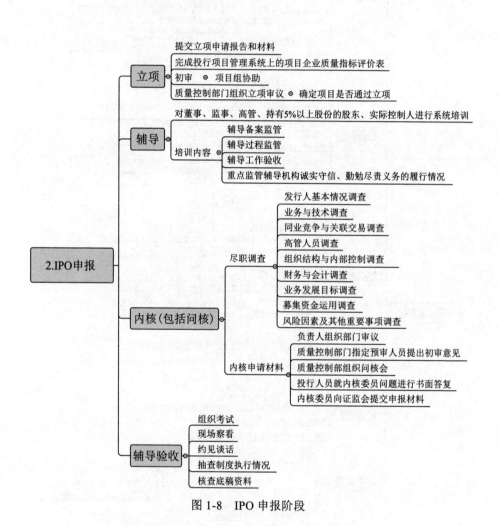

图 1-8　IPO 申报阶段

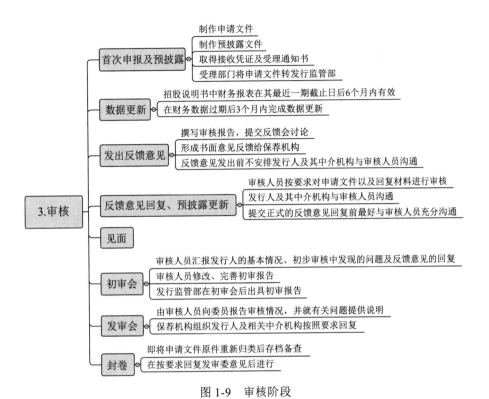

图1-9 审核阶段

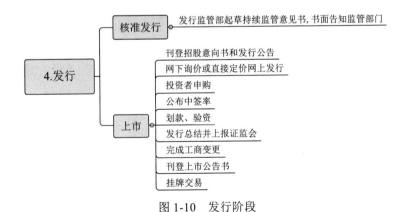

图1-10 发行阶段

上述四张图将IPO的各个阶段都清晰地展示出来，内容非常详细。IPO看似是一件非常烦琐的事情，但是如果公司各方面的基础比较扎实，需要调整和修改的地方很少，那么整个过程所需要时间就会相应缩短，所消耗精力也会减少。

第 2 章
融资前的股权分配

　　融资不是筹集到资金就万事大吉了，我们还需要考虑股权分配的问题。在团队比较完整、项目比较有前景的情况下，投资者会十分关注股权分配的情况。合理的股权分配不仅可以反映公司的现在，还可以看到公司的未来。所以，在融资之前，我们需要制定一个合适的股权分配方案，尽可能将股权设计成有利于公司发展，同时投资者乐于看到的形式。

　　对于创业者和投资者来说，股权分配都是至关重要的。合理的股权分配有利于增强团队的凝聚力和向心力，提高公司竞争力，从而实现每个参与者的利益最大化。另外，股权分配在一定程度上决定了融资的难易程度和公司的成败命运。

2.1　两大核心

　　如今，越来越多的市场机会开始涌现，但是面对着不断升级的用户需求、以及渐趋激烈的业务竞争，创业者可能无法单枪匹马地杀出重围，而是要依靠外部力量，如人才、资金等。在进行股权分配时，这两大外部力量不可忽视。

2.1.1　人才核心

　　现在是一个充满未知性的时代，技术的颠覆性发展让之前一些不可能的事情变得可能。我们可以看到，在很多行业中，都有"揭竿而起"的颠覆者。对于公司来说，这些颠覆者才是真正的宝藏，他们可以对市场和发展趋势做出快速反应、即时判断。

　　如今，不少公司都希望可以实现组织的平台化和生态化转型升级。这背后隐藏的实质是人才概念，即只有人才的更替，才会更好地促进公司发展，才可以催生更有价值的商业模式。因此，在进行股权分配时，我们有必要关注人才、服务人才，以人才为核心。

下面来看蔡崇信和马云的案例。1999 年 5 月，蔡崇信和马云第一次见面。在见面之前，马云的朋友告诉他，蔡崇信是难得一见的人才。在交谈过程中，两人被相互吸引，畅想着未来伟大的愿景。之后，马云对蔡崇信说，请帮我一起成立公司。蔡崇信答应了，他问马云，谁会拥有股权？

马云给了蔡崇信一个名单，名单上基本都是阿里巴巴的创业团队。这让蔡崇信感到非常惊讶，因为绝大多数创始人都会希望持有更多的股权，以此来掌控公司。在天气湿热的杭州，蔡崇信认真地向员工讲述股权、股权分配、股东利益等方面的知识。在蔡崇信的努力下，员工在阿里巴巴积极工作，充分发挥自身优势和作用，共同造就了一个伟大的公司。

通过阿里巴巴的成功案例可以知道，要想把生意做大，必须找到合适的人才，并给人才等值甚至超值的回报。对于蔡崇信，马云肯定没有亏待他，他也实现了自己的价值，得到了应得的利益。现在，"单打独斗"模式已不适用，取而代之的是"赚大钱需要依靠团队"的模式。对于公司来说，基于人才的股权分配是一次深刻变革。

2.1.2 资金核心

在注册和建立公司的过程中，资金起到了很大的作用。在后期运作过程中，资金也是必不可少的因素之一。因此，如果只按照出资额的多少来进行股权分配，那就会影响结果的公平公正。当然，我们也不能完全忽略资金这一重点。

相对于技术、经验等无形的资源，资金是实实在在能看得见的资源。要想做到合理分配公司股权，可以将投资者的技术，以及其他因素折算成资金。当然，这样做的目的并非推行平均主义。要知道，在实际合作时难免会出现一些问题。如果没有一个承担主要责任的人，那么公司的很多重要决策将无法得到肯定和实施。

也就是说，需要有一个人占据公司较多的股权，承担较大的责任，这是公司获得长足发展的保证。美国的创业者就十分重视股权分配，他们会在公司注册之前就商量并制定一套合理且完善的股权分配方案，包括按照何种标准分配股权，以及除资金以外的其他因素如何折算为股权，甚至还包括公司的主要决策者如何选择和实施决策权。

下面以肖文斌和刘晓阳的经历为例对此进行说明。肖文斌和刘晓阳是大学同学兼室友。因为肖文斌有想法和创意，而刘晓阳是富二代，经济实力比较雄厚，所以两人一拍即合，毕业之后打算一起创业。

创业初期，刘晓阳表示他出的资金多，应该获得更多的股权。肖文斌则想着先把公司成立起来再说，于是就答应了刘晓阳的要求。就这样，肖文斌和刘晓阳分别占了公司 30% 和 70% 的股权。

公司成立之后，刘晓阳几乎从不过问业务和运营方面的事情，日常管理均由肖文斌全权负责。半年之后，公司逐渐走上正轨，并开始盈利，而这个时候也就面临利益分配的问题。刘晓阳认为按照股权比例分配利益是天经地义的事情，而肖文斌则认为公司盈利主要是因为自己管理有方，如果按照股份比例分配利益显然是不合理的。

两人在利益分配上出现了分歧，最终闹上了法庭。这就是典型的由于股权分配不合理而带来纠纷的案例。其实，这也映射出了仅仅根据所出资金的多少分配股权是不合理的。

因此，在以资金作为股权分配的因素时，不妨考虑"投大钱，占小股"的方式。也就是说，不完全按照所出资金的多少分配股权，而是将其他因素也考虑进来。这里所说的其他因素，具体包括是否参与了管理，是否贡献了资源，是否具备相应的能力。这样一来，在进行利益分配时，即使只考虑股权比例，得到的结果也是比较公平公正的。

2.1.3 真功夫：股权架构不明晰

1990 年，潘宇海在东莞市长安镇开了一家甜品店。一段时间之后，他的姐姐（潘敏峰）、姐夫（蔡达标）也加入其中。为了扩大经营范围，三人决定将甜品店转型，并更名为"真功夫"。凭借蒸品这一特色，真功夫获得了迅猛发展。

真功夫是一家连锁餐厅，曾经成功进入中国本土快餐行业五强。然而，这家被称为快餐行业领军品牌的餐厅却因为股权问题导致估值不断缩水，经营管理工作也受到很大影响。

潘宇海及其姐姐、姐夫的股权是这样的：潘宇海占股50%，他的姐姐、姐夫分别占股25%。后来，随着真功夫的不断扩张，三人并没有按照实际情况对股权进行重新分配和调整。2006年，潘宇海的姐姐潘敏峰与姐夫蔡达标协议离婚。由于潘敏峰主动出让了自己的股权，所以蔡达标当时其实掌握着真功夫50%的股权。也就是说，潘宇海和蔡达标的股权是处于平均分配的状况。

2007年，因为有了上市的想法，所以潘宇海和蔡达标决定进行融资，最终获得了中山联动和今日资本的投资。当时，二人分别拿出了3%的股权给投资者，不过即使如此，二人的股权依然是平分的，均为47%。

随后，蔡达标提出了去家族化的内部管理改革，并控股中山联动。他还聘请了一些职业经理人来对真功夫进行管理，取代了之前的家族内部管理人员。至此，真功夫的股权已经发生了多次变化，变化路径如表2-1所示。

表2-1　真功夫的股权变化路径

关 键 节 点	蔡达标股权	潘敏峰股权	潘宇海股权
蔡达标、潘敏峰离婚前	夫妻二人共同持有50%		50%
蔡达标、潘敏峰离婚后	50%	0（放弃25%）	50%
引入中山联动直播和今日资本，两家各占3%股权	47%	—	47%
蔡达标控股中山联动	50%	—	47%

由于很多工作都是由蔡达标主持和推进的，所以潘宇海的实际权力相当于已经被架空。这一结果引起了潘宇海的强烈不满，他和蔡达标之间的矛盾也进一步升级。

为此，潘宇海状告蔡达标非法挪用资产，经过法院的调查和决策，蔡达标最终被逮捕。潘宇海也重新获得了真功夫的控制权。真功夫的股权之争虽然落下了帷幕，但是此次股权之争带来的负面影响却不是马上就可以消除的。

现在，很多创业者都是与自己的朋友或者亲人合伙创业。在创业初期，出于朋友或亲人之间的情谊，往往会有平分股权的想法。刚开始时涉及的经济纠纷可能较少，弊端也不会凸显出来。

但是，如果在公司发展壮大之后依然不重视股权分配问题，那么极有可能会导致种种不良后果。为了避免这样的情况，创业者需要在公司成立之初就制定明确的股权分配制度，并将其落实到字面上。

2.2　三条原则

在一个公司中，不同的人通常扮演着不同的角色，对公司发展的贡献也不同。在进行股份分配时，资金、设备、人脉、技术、市场、销售渠道等因素很难进行等价对比。因此，对于创业者来说，进行股权公平、公正地分配不是一件简单的事，稍有不慎，就会为公司埋下"炸弹"，并在不知情时突然爆炸。

为此，我总结了进行股权分配的三条原则。第一，量化贡献，明晰投资者的权、责、利；第二，为投资者进入留出空间；第三，为公司的股权激励留出空间。按照这样的原则分配股权，能够让公司在后期发展中减少很多后顾之忧。

2.2.1　量化贡献，明晰投资者的权、责、利

秉持对公司负责的原则和态度，有些投资者会参与到公司的实际运营和管理中。然而，当投资者之间的任务不明晰时，就容易出现推诿、扯皮的情况。对于公司来说，明晰投资者的权（权利）、责（责任）、利（利益）已经成为推动自身发展的保障性因素。

此外，公司也应该根据每位投资者的贡献来分配股权。做出较多贡献的投资者，可以适当占据较多的股权。当然，占据股权越多的投资者，享有的权利和承担责任也会越大，获得的利益也就越丰厚。

这里需要注意的是，贡献通常是看不见，摸不着的，需要我们掌握量化贡献的方法，下面借助一个案例进行说明。李强、张文斌、王明辉、钱军在大学毕业之后共同成立了一个技术公司，他们各自的角色如下：

（1）发明人员（李强）：领域内公认的引领者，有较强的综合能力；

（2）商务人员（张文斌）：为公司带来业务，为员工充实行业知识；

（3）技术人员（王明辉）：发明人员的得力助手；

（4）研究人员（钱军）：因为某些契机开始创业，目前不会对公司做出太大贡献。

如果他们均为第一次创业，并且缺乏相关经验，那股权很可能是这样分配的：每个人25%。对于李强、张文斌等人来说，这样的结果其实是不公平的。

比较好的股权分配方案是：对每个人做出的贡献进行量化，按照从0分到10分的等级打分。对于技术公司来说，比较重要的贡献有4种，分别是创业点子、商业计划书、领域的专业性、担当与风险。不同的贡献还需要有不同的重要程度，如表2-2所示。

表 2-2　贡献的重要程度

贡　　献	重要程度	李强	张文斌	王明辉	钱军
创业点子	7级	10分	3分	3分	0分
商业计划书	2级	3分	8分	1分	0分
领域的专业性	5级	6分	4分	6分	4分
担当与风险	7级	0分	7分	0分	0分
资金	6级	0分	6分	0分	0分

之后，把每个人的分数与贡献的重要程度相乘，计算出一个加权分数；把每个人的加权分数加在一起，得到一个总分数，根据总分数判定股权比例；对股权比例的合理性进行检查，判断其是否符合逻辑，如果没有问题便可以正式投入使用，如表2-3所示。

表 2-3　四位创业者的贡献值

贡　　献	李强	张文斌	王明辉	钱军	合计
创业点子	70分	21分	21分	0分	—
商业计划书	6分	16分	2分	0分	—
领域的专业性	30分	20分	30分	20分	—
担当与风险	0分	49分	0分	0分	—
资金	0分	36分	0分	0分	—
总分数	106分	142分	53分	20分	321分
股权比例	33%	44.2%	16.5%	6.3%	100%

在根据上述案例对贡献进行量化之后，几乎就不会存在平分股权的

情况，也不会出现权、责、利不明晰的现象。在分配股权时，需要考虑每个人过去、现在和将来对公司的贡献。这开创了一种量化分配股权的模式，使得最后的结果更完美。

2.2.2 为投资者进入留出空间

在投资时，投资者会非常关注公司的股权架构；在上市时，各大证券交易所也要求股权架构必须合理。这就需要创业者提前思考，从大局出发制定完善的规划，并根据公司的发展阶段不断调整，为投资者的进入留出空间。

不过，投资者的进入会对股权产生影响，即原有股东的股权会被稀释，从而出现控制权旁落的情况。例如，乔布斯、埃隆·马斯克（Elon Musk）都有过不得不离开自己公司的经历，这充分体现了控制权的关键作用。

反观 Facebook 公司，双层的股权架构设计，再加上表决权代理协议的签订，使马克·扎克伯格（Mark Zuckerberg）牢牢把握住了控制权，能够决定公司发展战略和经营方向。当然，正是因为如此，Facebook 公司也得以成为市值超高的互联网巨头。

总而言之，在为投资者的进入留出空间的同时，也要保证控制权不旁落。比较好的做法是，对投票权进行约定，例如将自己的投票权授予其他股东代为行使、允许部分股东负责公司事务等。这样的做法虽然比较麻烦，但是可以让创始人以少数股权把握控制权。

不过在这个过程中，投资者也许会是一个比较大的"障碍"，他们不希望创始人独揽大权，以防止自己赔得血本无归。所以，在实际操作时，控制权究竟能不能全部掌握在创始人手里，还要看双方的谈判地位。通常来说，双方应该会维持一个微妙的"平衡"。

2.2.3 为公司的股权激励留出空间

股权激励就是预留一部分股权，用以激励员工和对公司有贡献的人，促使他们努力工作。预留的股权通常占据总股权的 10% ～ 15%。

在具体操作时，我们可以分割公司 80% 的股权，用剩余的 20% 吸纳优秀的技术人才和运营人才。如果从一开始就把所有股权分割完毕，那么公司在后期发展过程中，就会缺少吸纳人才的一大利器，在职员工也会因为得不到激励而缺乏干劲。

不过目前，在我国的法律框架下，工商部门要求公司股权必须与注册资本相一致，所以很多公司无法预留股权。针对这一问题，我们可以采用变通的方法来解决。例如，利用代持股权以及设立公司内部虚拟股权的方式来预留一部分股权。

在预留期权方面，罗辑思维为各大公司树立了一个很好的榜样。在罗辑思维初创时，罗振宇的股权为 17.65%，其余 82.35% 的股权则由申音和其他股东共同分配。但是申音向罗振宇保证，会为他预留 20% ～ 30% 的期权，并根据公司发展规模与高度，酌情将这部分股权转让给他。这种预留期权的做法极大地提升了罗振宇的工作热情和干劲，从而带动公司飞速发展。

所谓多劳者多得，预留股权一方面可以用来吸纳人才，激励表现好和贡献大的员工；另一方面，对公司长远发展也大有裨益。

2.3 实际操作中的四大步骤

一些创业者在初期表现很"大气"，把股权随意分出去，而不考虑资源、贡献等因素，最后使得自己难以收场。很多时候，股权多分出去 0.1% 都是多，少分出去 0.1% 都是少。创业者总是抱怨融资不好做，投资者不好取悦，其实主要就是因为股权分配不合理。

2.3.1 完成长远的事业战略与上市规划

股权的价值依托于公司的价值，公司的价值依托于长远的事业战略与上市规划。因此，在创业之初，我们就应该对公司的事业战略与上市规划进行深入考虑。这样不仅是给投资者增加信心，还可以为之后的经营、管理、资本动作确定方向。

2.3.2　进行系统的股权规划

有了长远的事业战略与上市规划之后，我们就可以着手进行系统的股权规划。例如，根据事业战略，公司应该在什么时候做融资？需要做几轮融资？预计向投资者提供多少股权？股权最高可以被稀释到什么程度？资金的用途是什么？投资者要想投资，必须有何种资源？

此外，当公司发展到一定阶段以后，还需要对员工进行股权激励。在这种情况下，我们必须做全方位分析，以便更好地解决一些问题。例如，哪些员工可以享受股权激励？这些员工在总员工中的占比是多少？应该预留多少股权作为股权池？需要拿出多少股权来做股权激励？创始人需要拥有公司多少股权以掌握控制权？

2.3.3　完善公司文化，达成内部共识

我一直在强调，对于公司、股东、员工、投资者来说，股权意味着风险、担当、奉献、责任、收益。从这个角度来看，股权并不是一个"暴富武器"，也不是具有约束作用的"手铐"，而是公司文化、内部共识。

在进行股权分配时，我们应该回归事业本身，共同完善公司文化，达成内部共识。当大家思想一致，理念相同时，很多问题都可以迎刃而解，很多事情也变得简单起来。如果最初没有将股权分配的问题谈清楚，并落实到文化层面，那么后面很可能会留下隐患。

在公司中，很多人会觉得自己必不可少，自己为项目成功付出了诸多努力，因此需要获得股权和收益。对于这个问题，若是我们没能妥善解决，就会使股权分配的讨论越来越难进行，甚至无法得出好的结果。

我的建议是，将股权分配落实到文化层面。例如，在文化手册中表明，大家可以针对股权分配提出自己的想法和意见，并在会议上进行讨论，一旦讨论出合适的方案，那么就必须认可并遵守这个方案。这样可以确保股权分配工作正常推进，也可以避免因为大家观点不统一而对公司发展产生不利影响。

2.3.4 进行系统、规范的规则设计

将股权分配落实到文化层面以后，我们需要以行业和公司自身特点为基础，兼顾事业战略、上市规划、股权规划，充分考虑可能出现的突发情况，如投资者退出、股权贬值、董事会成员变更等。这有利于打造一套逐步释放、效果显著、责权对等、进退皆可的股权分配规则，也可以防止以后出现股权纠纷，对公司和投资者的关系造成影响。

2.4 常见的五大"死穴"

股权是一把双刃剑，分配好了可以对员工进行激励，分配不好则会让公司陷入困境。对于如何分配股权，前文已经详细讲述。接下来为大家介绍分配不好股权的几种情况，包括平均分配股权、外部股权过多、过早地一次性分配等。

2.4.1 平均分配股权

虽然俗话说"不患寡而患不均"，但在进行股权分配时，这句俗话并不适用。很多时候，刚毕业的大学同学或者有相同理想的同事一起创立公司，都愿意选择平均分配股权，因为这样看似比较公平，给大家的感觉很好，操作起来也简单。

不过，我们不可以只考虑表面上的公平，而忽视平均分配股权所导致的风险，如股权空间的预留、因为职责过多而引起的心理不平衡、投资者进入之后的控制权旁落等。业内比较知名的西少爷股权之争，以及前面提到的真功夫分家，都是因为平均分配股权所导致的矛盾，这个矛盾也让两家公司的发展受到了严重影响。

2.4.2　外部股权过多

对于股权分配来说，外部股权过多也是一个"死穴"，这个"死穴"通常会出现在初创公司中。如果公司缺乏启动资金以及高素质人才，并且无法正确认识到自己的价值，不能对股权进行合理规划，那么就很可能出现这样的情况：将大量的股权赋予早期投资者或者早期兼职员工。这不仅会削弱创始人对公司的控制权，还会使整个团队的凝聚力和工作积极性受到影响。

下面借助张峰的经历对此进行说明。张峰是一家公司的创始人，创业初期为了撑门面，他总是喜欢找一些比较优秀的兼职员工，并为其发放股权。然而，这些兼职员工既没有负责很多工作，也没有承担经营风险，他们的股权与他们的贡献严重不匹配。久而久之，全职员工和其他尽心尽力为公司做事的股东对这样的现象非常不满。

后来，张峰决定改变股权分配模式。对于兼职员工，他采取了"微股权"分配方案，而且还为股权设置了相应的成熟机制。如果通过考察，兼职员工可以转为全职员工，到那时，公司会根据情况为他们增发股权。

上述案例告诉我们，不应该发放过多的外部股权。对于只承诺投入资源，但是不负责管理、经营等工作的投资者，最好是考虑项目提成和利益合作，而不进行股权绑定。兼职员工同样也不能获得太多股权，这样才有利于公司上下的稳定和团结。

2.4.3　创始人持股过少

每一个公司都有创始人，在创业初期的大部分时间里，他的决策、态度、价值观会发挥非常重要的作用。然而，在之后的股权分配和股权稀释中，创始人的股权会发生变化，被稀释到一个比较低，甚至过低的水平。

如果创始人的股权比例过低，公司就必须想方设法去防止控制权之争，这需要花费大量的时间和精力。而且，这也会对融资进程造成一定影响。例如，华为这么一家出色的公司，曾经也因为股权太过分散而无法顺利获得融资。还有万科，在面对外部势力觊觎时，不知道从何下手，最终使得股权分配出现隐患。

可见，为了更好地管理公司，促进公司正常经营和长远发展，创始人的股权比例不能过低（当然也不能过高），要保持一个合理状态。在公司发展的不同阶段，股权分配可能会发生变化，但无论如何，创始人，尤其是核心创始人必须持有一定比例的股权。

2.4.4　过早地一次性分配股权

除了前面提到的"死穴"以外，过早地一次性分配股权也不可以忽视。所谓过早地一次性分配股权，主要是指在公司成立初期，就"不管三七二十一"地将股权进行了分配。这样的做法还有待商榷，毕竟股权分配不能一蹴而就，而是需要经历一个长期的过程。

如果对股权进行一次性分配，不仅会影响后续激励工作和成效，还会使既得股权者得不到应有的约束。而且因为团队是刚刚组建的，各个成员的贡献和价值很难衡量，所以无法保证股权分配的合理性和科学性。随着公司和团队的发展，这种随意地一次性分配股权的做法会留下较大的隐患。

另外，在一开始时就分配股权，可能会导致之后没有充足的预留股权吸引人才，也难以获得投资者青睐。在人才和资金的竞争中，如果公司因为股权分配问题而处于劣势地位，那将是一件得不偿失的事情。

2.4.5　流于纸面，缺乏文化宣导

如果一个公司的股权分配没有文化宣导，而是流于纸面，那么创始人、投资者、股东之间便难以达成心灵契约，也无法成为利益共同体。在当下这个时代，物质回报虽然非常重要，但是也会受到边际递减效应的影响。也就是说，越是高素质、有能力的人才，就越追求更高层次的需求，如马斯洛需求层次理论中的尊重需求、自我实现需求等。

对于这些人才来说，如果没有梦想、文化的支撑，一旦其他公司给了更高的物质回报，他们很可能会"头也不回"地离开。因此，我们不

能让股权分配只流于纸面，而是要适当地进行文化宣导，让大家都拥有一致的价值观和理念。

2.4.6　西少爷：不合理的股权架构

2012 年，在西安交通大学北京校友会上，孟兵、宋鑫、罗高景三位血气方刚的年轻人相识了，西少爷的故事也由此展开。宋鑫原来就职于一家投资机构，他在工作过程中产生了自己创业的想法；孟兵曾先后在腾讯和百度担任过高级工程师；罗高景也是一枚标准的 IT 男，有较强的技术能力。经过深入讨论，三人一拍即合，踏上了创业之路。

2013 年，三人成立了"奇点兄弟科技公司"，但是因为业绩不佳，这次创业仅持续 7 个月便宣告结束了。后来，孟兵、宋鑫、罗高景又将创业方向选在了肉夹馍上。在详细调查和缜密部署下，第二次创业就这样拉开了帷幕。不过，这次创业的发起者不再是三个人，而是变成了四个人，因为袁泽陆也加入进来。

2014 年，西少爷肉夹馍店在北京五道口正式开业，当天中午就卖出了 1200 个肉夹馍。这家以互联网思维卖肉夹馍的店铺生意非常火爆，吸引了很多媒体和投资者的关注。诸多投资机构开始主动寻找西少爷，并为其估值 4000 万元。

四个人都认为应该扩大业务，但这是一项需要资金支持的工作。因此，他们一致同意通过融资方式来获取扩大业务所需要的资金。然而，就在引入投资、协商股权的过程中，四个共苦过的人之间的矛盾被彻底激发了。

孟兵想要自己的投票权是其他人的 3 倍，其他人对孟兵的这一要求都表示不能接受。但经过协商之后，罗高景、袁泽陆表示孟兵只要做出一些退让，即孟兵拥有 2.5 倍的投票权，就可以接受孟兵的要求。宋鑫却表示不能接受这样的要求，除非得到投资者的肯定。因为没有达成一致意见，所以孟兵的要求就被搁置起来，并未得到妥善解决。

后来，孟兵、罗高景、袁泽陆要求宋鑫退出团队，他们没有召开面对面的股东大会，也没有正式宣布结果，只在微信上将这件事告诉了宋鑫。之后，四人再次聚到一起就这件事进行洽谈。孟兵、罗高景、袁泽陆提出要用 27 万元现金和 2% 的股权回购宋鑫手中 30% 的股权。宋鑫没有同意，他提出要 1000 万元现金。

在整个事件中，孟兵无疑是处于风暴中心地位的。异常冷静、鲜少发声的他在媒体的追问下，只说了这样一句话："这件事情给我最大的经验是，股权分配一定要合理，否则就是给公司埋下一颗定时炸弹。"

起初一拍即合的人在成立公司时，大都秉持"好朋友不应该过于计较"的原则。所以，西少爷的股权分配缺乏严谨性和科学性。然而，公司的发展和变革是没有人能预料到的。换句话说，曾经最好的朋友也可能会由于种种原因而心生隔阂，甚至反目成仇。

在这种情况下，如果不重视股权分配，不仅会影响公司发展，还会给团队关系蒙上阴影。西少爷就是一个非常具有说服力的案例。

此事也告诉创业者，尤其是合伙创业者，既然要一起开公司，就应该用成年人的方法、成年人的思维来处理问题。千万不可以因为朋友之情，就省略了股权分配方案的制定。对于公司运营中可能出现的问题，也应该做最坏的打算，并为之制定相应的应对措施。"先小人后君子"才是对朋友负责的表现，才能最大程度上保证公司朝着好的方向发展。

2.4.7 罗辑思维：前期股权分配不公平

对罗辑思维，想必大家一定不会陌生。它是中国知识型社群的典型代表，也是中国目前发展比较出色的知识型社群，包括微信公众号、脱口秀音频、会员体系、百度贴吧等多种互动形式。在很多年轻人心目中，罗辑思维是一个必备的知识获取途径。

然而，就是这样一个极具生命力和前途的社群，却也面临着合伙团队解散的问题。追根究底，就是因为其股权分配存在严重不公平。罗辑思维之所以会用"罗"这个字，是因为其创始人是罗振宇。很多人已经将罗振宇与罗辑思维等同起来了，认为罗辑思维就是罗振宇一人创立的。的确，我曾经一度也这样认为。

但是罗辑思维官方注册资料显示，这是一个合伙创业公司。除了罗振宇之外，罗辑思维还有一位合伙创业人，那就是申音。而且，在最开始时，罗振宇只占据了罗辑思维 17.65% 的股权，申音则占据了 82.35% 的股权。也就是说，罗辑思维的大股东是申音，而非罗振宇。

这种差别非常悬殊的股权分配方式，使得两位股东之间的关系更像是老板与员工之间的关系，这也为之后两人散伙埋下了一颗定时炸弹。毋庸置疑，不合理的股权分配方式会导致两位股东之间的权利不平等。

同样都是为公司做贡献，两人的付出不相上下，甚至罗振宇的付出要比申音更大一些。然而，罗振宇从中享受的权利，以及所得到的好处却远远少于申音，这必然会激发两人之间的矛盾。值得庆幸的是，罗振宇与申音之间最后以较为君子的方式解散，没有出现股权之争。

试想，如果他们两人中的任何一人对团队解散的有关事项提出了异议，那么就很有可能出现争吵甚至争斗。而这些事情必定会被媒体捕捉到，并暴露到公众面前。最终受到影响的，其实还是好不容易打造起来的罗辑思维。

罗辑思维的组合形式类似于明星与经纪人之间的组合形式。罗振宇原来是央视主持人，他充当了明星的角色，而申音则充当了经纪人的角色。所以，他们两人之间的合作关系也有一种捆绑的意味在其中。众所周知，捆绑式的合伙往往是因为共同的利益。正因为利益问题，也有可能导致两人之间关系的破裂。

尤其是罗辑思维还存在着股权分配严重不公平的问题，这个问题本身就是一个导火索，可以使团队产生隔阂。当然，这样的矛盾也并非不可调和，因为其症结就在于股权分配。因此，在创业之初就重视股权分配问题，避免不公平的股权分配方案出现，可以在很大程度上减少风险，防止不良后果对公司发展产生影响。

无论是前面提到的真功夫、西少爷，还是罗辑思维，都是创业之初前景就一片光明的公司。然而，就是这样极具潜力的公司，却面临着或内斗或解散的局面。这些案例说明了一个问题：一定要重视股权分配。很多时候，顺应时代潮流，采用动态的股权分配制度，能有效避免股权纠纷的发生。

第 3 章
商业计划书撰写

商业计划书（Business Plan，BP）是在融资过程中，创业者按照一定规范所撰写的对项目、公司等情况进行说明的材料。商业计划书起源于美国，包括图片、文字等多种形式。如今，需要资金的公司要远远多于投资者，这就出现"僧多粥少"的现象，所以要想分得一杯"粥"，创业者就得通过商业计划书来展示优势和亮点。

撰写商业计划书的主要目的就是让投资者快速了解公司、团队、产品，以及让投资者清楚投资后能获得怎样的利益。另外，通过撰写商业计划书，创业者还可以梳理项目脉络，进一步增强对项目的认识和理解。

3.1 项目简介

在一份商业计划书中，首先要展示的就是项目。因为投资者是要给项目投资的，所以创业者需要在最短时间内，用最精简的语言让投资者了解项目的具体情况。在介绍项目时，通常需要涉及商业模式、市场规模、发展前景、团队、融资金额等多方面内容。

3.1.1 描述商业模式

投资者为公司投资的目的是获得财富增值，所以商业模式是他们格外关注的内容。在这部分内容中，需要说明项目的核心业务流程是什么，以及近期和远期的盈利模式分别是什么。

商业模式的本质是"利润＝收入－成本"。在互联网时代，这一公式需要站在长期的视角来考虑。也就是说，项目在当前可以不赚钱，但是在未来必须赚钱。创业者需要想清楚如何向投资者说明项目在未来能赚钱，并且能够赚大钱。

以 Google（谷歌）公司和 Facebook（脸书，现已更名为 Meta）公司为例，它们在诞生之初都没有明确的商业模式，但现在却都不怎么为收入而发愁。它们都没有直接从用户身上赚钱，但是在用户数量积累到一定程度时都找到了赚钱的门道，比如广告。在互联网时代，只要产品能够吸引到足够多的用户，商业模式就不成问题，融资成功率也会更高。

3.1.2　描述市场规模和发展前景

市场规模是否够大，以及发展前景是否广阔，一般是通过用户和收入情况来衡量的。用户数量越多、收入越丰厚，面对的市场规模就越大，公司和项目的发展前景就越广阔。在商业计划书中，这部分内容需要用数据来展示，以增强投资者的信任。

下面以一个虚拟现实游戏项目的商业计划书为例，来看看应该如何通过数据向投资者展示市场规模和发展前景：

根据艾媒咨询提供的数据可知，2019年我国游戏产业实际销售收入达到2308.8亿元，创下自2015年以来的历史新高；截至2020年3月，我国游戏用户数量达到5.32亿，较2018年底增长4798万；预计到2021年，全球游戏市场规模将突破万亿元大关，达到10137.7亿元。如此亮眼的成绩对我们公司来说是一个发展下去的动力。

我们公司以独特的眼光抓住了虚拟现实应用这个蓝海市场，并且依靠虚拟现实技术开发新的游戏产品，希望在这个规模巨大的游戏市场中大展拳脚。这也是各位投资者在虚拟现实等高新技术领域获得利益的绝佳机会。

目前，我国游戏用户类型也在朝着多元化趋势发展，情侣、家长、亲戚等共同玩游戏的组合在增多。游戏受众面在逐渐扩大，这也是未来游戏产业获得长足发展的重要动力。在之后的一段时间内，游戏产业将保持一个良好的状态。

上述案例对数据的处理就比较好。这是一个虚拟现实游戏项目，在进行市场规模和发展前景的描述时，将与之相关的销售收入、游戏用户数量、全球游戏市场规模等数据展示了出来。投资者可以根据这些数据直观感受到该项目所面对的市场，并对投资回报进行合理评估。

这个案例使用的是文字式描述，比较适用于工作型商业计划书。但如果是在 PPT 中展示，选择图表式描述会更好。我们来看一个人工智能公司的案例，该公司将 2018—2025 年人工智能市场规模及预测数据做成了图片，如图 3-1 所示。

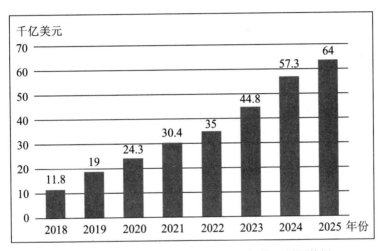

图 3-1　2018—2025 年人工智能市场规模及预测数据

图 3-1 中的数据可以作为投资者判断人工智能领域现状及未来发展的依据。如果没有这些具体数据，商业计划书就会显得非常空洞，投资者很难对项目做出准确的评估和决策。在实际操作时，我们要注意，必须使用合理并且真实的数据，不能胡编乱造，否则会给投资者留下不诚实的印象，最后使得融资失败。

3.1.3　概括你的竞争优势

如果一个公司无法准确识别自己直接的或潜在的竞争对手，那么投资者很可能不会为其投资。同样地，如果一个公司无法概括自己的竞争优势，那么也很难获得投资者的青睐。在商业计划书中，应该如何概括竞争优势呢？可以从以下几个要点入手，如图 3-2 所示。

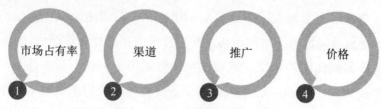

图 3-2　概括竞争优势的要点

1. 市场占有率

市场占有率是衡量市场的一个重要因素，而市场又是投资者判断预期回报的一个因素，所以在商业计划书中这部分是要说明的。不过，我们不能为了抬高自己而过于贬低竞争对手。例如，一家创业公司在商业计划书中写道："主要竞争对手的市场占有率已经接近0%，随时有破产和倒闭的风险。"投资者通常不会相信这样的主观臆断，甚至还会将其作为笑话讲给朋友听。

2. 渠道

渠道在竞争中也是非常重要的。销售渠道多，产品的销售量就会相应增加。要想把握竞争主动权，就要积极拓宽产品销售渠道，像美的、格力等大公司，销售渠道都是多元的。如果公司有丰富的销售渠道或者营销路径，那就将其展示在商业计划书中。

3. 推广

推广在很大程度上会影响产品销量和品牌形象。随着技术的不断发展，推广方式也日新月异。各个公司为了提高自己的竞争优势，让更多用户购买产品，纷纷采用各种各样的推广方式。一般来说，推广方式越多，投资者的好感度就会越高。

4. 价格

在竞争中，价格是非常重要的法宝。在同类产品中，如果产品价格低，那么竞争力会大大提升。而且，现在很多公司都把低价战略纳入战略体系，像小米手机就是依靠亲民的价格受到用户喜爱，从而提升了竞争力。

在制作商业计划书时，应该通过以上几个要点来描述自己的竞争优势。因为首因效应的影响，我们应该将最突出的竞争优势放在第一个介绍，然后依次类推。总之，我们要尽可能多地展示竞争优势，竞争优势越多，就越能获得投资者的青睐。

3.1.4 介绍团队如何构成"梦幻组合"

在投资界有这样一句话，"宁可投资一等人，二等项目，也不投资二等人，一等项目"，由此可见投资者对团队的关注程度。商业计划书中的团队介绍主要分为两个方面：管理层介绍和员工介绍。

1. 管理层介绍

名校、名企的出身以及知名项目的参与经历会给管理层加分。如果没有这些背景，那么也至少要说明管理层在相关行业的实践和成就。另外，管理公司是一项非常复杂的工作，其中包括许多方面的事务。为了避免把重担都放在一个人身上，最好的方法就是分工合作，投资者也比较喜欢这样的模式。某公司在商业计划书中对管理层分工情况进行了介绍：

> 联合创始人、副总裁×××，负责公司的影视和市场业务。
>
> 副总裁×××，负责公司娱乐方面各项工作。
>
> 资深副总裁×××，主要负责对公司的内部管理工作。
>
> CFO×××，主管公司财务工作和投资业务。
>
> 高级副总裁×××，负责公司法律工作，维护公司技术专利和知识产权。
>
> 副总裁×××，负责公司线上业务。
>
> 副总裁×××，负责公司线下业务。
>
> 联合创始人、副总裁×××，负责产品研发和设计工作。

该案例将管理层的分工情况清晰地表达了出来。这样做的意义在于向投资者展示了一个职责明确的高效管理团队，比一些管理层工作混乱、一人身兼数职的公司更有优势。

2. 员工介绍

员工在很大程度上会影响公司的经营、发展，进而影响公司的收益。因为员工通常数量比较多，而商业计划书的篇幅有限，所以这部分内容不必太过翔实。我们可以对员工的综合素质进行描述，下面来看一个实际案例：

公司员工对市场、产品有着比较高的敏感度，对电商平台上的销售模式和战略有较为深刻的理解。而且在公司中，大部分员工都是高学历、高精尖人才，有很强的学习和研究能力。这些人才曾经全程参与 5 款项目的运营，并且有 4 款项目都获得了较高的收益。

除了描述综合素质，我们也可以对员工的某一类特质进行介绍，如上进、高效、自觉、勇敢、敬业、团结等。下面来看某公司商业计划书的案例：

草根的极强进化能力

从配送方面来看：公司最初只使用邮政包裹方式为用户配送产品。接着，公司在用户要求下开始和顺丰、圆通、中通等诸多快递公司合作。在遇到配送瓶颈时，具有极强进化能力的员工在全国范围内建立了配送队伍，打破了"最后一公里"的束缚。

统一的价值观和高度的组织忠诚

公司员工有统一的价值观，始终秉持艰苦奋斗、永不言败、积极创新的工作态度。根据人力资源部门统计，老员工流失率每年只有百分之几，中层管理团队中有 90% 是公司内部长期培养出来的。

上述案例着重介绍了员工的进化能力，即上进的特质，同时还介绍了员工的价值观和忠诚度。试想，一个有着极强进化能力，并且价值观统一的忠诚团队怎么会做不好事情、创造不了高收益？面对着这样的团队，投资者很难不动心。

3.1.5 你将在最短时间内让投资者赚翻

投资者关心的就是应该在商业计划书中展现出来的。对于投资者来说，项目是否可以让自己赚翻是非常重要的。那么，我们应该如何让投资者知道,项目可以赚多少钱呢？这时就需要进行盈利预期、盈利持续性、变现难度等方面的介绍。

1. 盈利预期

盈利预期是对未来收益的一个科学合理预期,这个预期要符合现实,不能夸大，也不能太保守，需要综合考虑公司各方面情况。这部分内容有多种展示方式，包括表格、文字、图片等。一般来说，使用频率比较高的是表格，如表 3-1 所示。

表 3-1 某公司的盈利预期

年 份	2020 年	2021 年	2022 年	2023 年	2024 年
销售收入（万元）	6500	5000	14000	22000	34000
净利润（万元）	1500	500	5500	7900	12000

表格的好处是看起来比较清楚，每个年份的盈利预期都可以展示出来。这里需要注意，我们只要展示给投资者最后的数据就可以，不必把各个细小的数据都记录在表格上。

另外，在展现盈利预期时，我们应该确保公司的经营思路不会出现很大变动，还有公司所处的经济环境基本保持原来状态。货币价值、利率、经济危机、行业竞争、技术升级、发展战略、经济战略等因素都会对盈利预期产生影响，这是我们需要考虑到的。

2. 盈利持续性

一个项目的收益固然是重要的，而是否可以实现持续盈利在投资者眼中其实更加重要。如果你的项目只在前期收益可观，到了后期收益就处于停滞状态，甚至是负增长状态，那么就很难得到投资者的认可。一个项目是否具有盈利持续性可以通过以下 5 点来衡量。

（1）最近几年一直保持持续盈利状态，没有出现收益负增长的情况。

（2）盈利模式和收益来源比较稳定，没有过度依赖股东、实际控股人的情况。

（3）主要业务和产品或者服务发展前景广阔，公司前进方向正确，能够实现可持续收益。管理与经营模式稳定，经济环境和市场需求不会发生不可预计的不利于项目的变动。

（4）管理层和技术型人才相对稳定，近期不会出现大规模调动。

（5）主要资产、核心技术以及其他重大权益都是合理合法的，能够被持续利用。

在投资时，投资者通常会用上述衡量标准来对项目的盈利持续性进行判断。为了增强投资者的信任，在商业计划书中，我们应该从以上 5 点入手来介绍项目的盈利持续性。

3. 变现难度

不同的项目，变现难度通常也不同，有的项目就是可以很轻松地变现，这是一个无法改变的事实。那么，本来就具有变现方面弱势的项目是不是只有死路一条了呢？当然不是，因项目本身只是变现难度的影响因素，而不是决定因素。

在商业计划书中，变现难度这一部分不需要单独列出，投资者会根据盈利预期、盈利持续性、市场情况、营销策略等因素自行判断。

3.1.6　陈述你的融资金额以及资金用途

融资金额以及资金用途是商业计划书中必须要有的内容，在让投资者投资之前，我们需要将这部分内容展示出来。虽然融资金额是由公司自己决定的，但是也不能"狮子大开口"，毕竟投资者的钱是不会随随便便投出去的。为了加深投资者的好感度，我们还应该根据公司未来规划，将每一笔钱的去向罗列清楚。下面来看一个实际案例：

目前，物流平台建设已经完成并正式上线。公司进一步发展的主要制约在于物流平台的推广。因此，本次融资金额的用途以市场推广为主，费用为3300万元。此外，基础设施费用、人员工资福利、其他费用总额为1700万元，如图3-3所示。

综合来看，本次融资用于项目第1年，即2020年的推广和完善，所需资金为5000万元（3300万元+1700万元）。为了快速占领市场、获得盈利，公司计划于2021年开展第二轮融资，融资金额及资金用途根据项目发展实际需求确定。

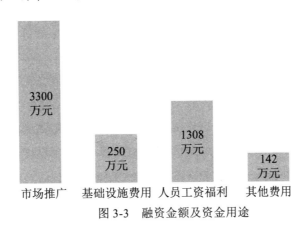

图 3-3　融资金额及资金用途

上述案例是用"文字＋柱状图"的形式将融资金额及资金用途展示了出来。除此之外，我们还可以用纯文字的表达形式。

根据公司的未来发展战略，此次融资金额为5000万元，具体用途如下：

（1）2000万元用于平台建设和优化、数据分析模型开发，以及服务器购买；

（2）1000万元用于开发和优化5G下的智能管理系统；

（3）2000万元用于推广产品和市场营销以及聘请专家顾问和高精尖人才。

这两种形式都可以对融资金额及资金用途进行表达。投资者不允许公司拿着他们投资的钱到处挥霍，所以他们需要知道公司要花多少钱，钱花在什么地方。在商业计划书中展示融资金额及资金用途的目的就是，让投资者充分了解公司的花钱计划。

▣ 3.2 投资者最关心和敏感的四项内容

投资者看重商业计划书是无可厚非的，然而他们对各项内容的关心程度和敏感程度是不一样的。在商业计划书中，投资者最关心和敏感的四项内容是公司的组织架构、公司拿到的历史投资额、合约和订单、公司的负债、公司享受的优惠政策。

投资者之所以会关心这些内容，主要是因为这些内容与他们的利益息息相关。为了保证自己的资金能够如期收回并获得相应利益，投资者希望可以从商业计划书中看到这些内容。作为创业者，我们应该满足投资者的愿望和需求。

3.2.1 公司的组织架构

在投资者眼中，公司的组织架构应该包括两个方面。

（1）公司在哪里注册，境外还是境内？公司旗下有没有分公司、子公司、关联公司，分别是哪些？资金从哪里注入？组织架构与股东利益有何关系，这种关系是如何体现的？（我们可以通过图片或表格的形式来展示这种关系）

（2）公司有哪些部门，这些部门是如何运转的？总裁、CEO、COO、部门经理、员工是否分工明确，各司其职？有没有一人身兼数职的情况，例如某人既是董事长，又兼任 CEO、CFO、人力资源经理？权利是否集中在一个人或者某些人身上？

在实际操作时，我们最好绘制一个组织架构图，把各部门的功能和责任都展示给投资者。此外，薪酬体系、股东名单，股权认购情况、特权持有者、董事会成员及其背景也需要体现在商业计划书上，以便投资者对公司的组织架构有更深刻的理解。

3.2.2 公司拿到的历史投资额

商业计划书往往代表着创业者的一个宏大愿景，他（她）之前是否凭借着这个愿景获得了投资，对于投资者来说非常重要。如果项目已经出现了很长时间，但是并没有筹集到任何资金，那么投资者便会怀疑这个项目的可行性，甚至会怀疑创业者的创业态度。

如果创业者把项目做得像模像样，而且拿到了比较高的历史投资额，那投资者就会非常愿意投资。他们会放心地把自己的钱交给创业者去打理和使用，同时也会关照创业者，毫不吝啬地为其提供帮助与资源。

3.2.3 合约和订单

正所谓"是骡子是马，得拉出来遛遛"，如果公司有大量的合约、订单、意向书，那就给投资者看。投资者不喜欢"我的项目可以赚大钱""你投资之后肯定会有丰厚的回报"这类口说无凭的话，他们通常更倾向于真实的业绩。

很多时候，投资者可能不计较明年是不是可以分到钱，可以分到多少钱，而是更关心公司的收益如何，毕竟公司收益与他的收益息息相关。所以，当公司有了赚钱的来源之后，要立刻展示给投资者。例如，告诉投资者公司的第一个订单是如何得来的、是从什么地方得来的、是什么时候得来的，以及公司现在有多少订单，未来会有多少订单等。

3.2.4 公司的负债

负债表示公司负有偿债责任，债权方对公司具有求索权。一般来说，公司的负债形式包括银行的贷款、延期未付的款项、一定时期内的贷款利息、未支付的税款和一些未还款的票据。如果公司负债过重，投资者一般不会考虑为其投资，因为他们不希望自己的资金全都被用来偿还债务。

公司的负债情况通常用负债率来表示，即负债金额与总金额的比值，这是投资者做出投资决策的一个重要依据。巴菲特认为，投资风险与公司负债率有着紧密关联，也就是说，公司负债率越低，投资者获得的收益就越多，投资风险也就越小。美国《财富》杂志通过总结 500 强公司的负债率也印证了这一结论，这些公司的负债率都普遍较低。

但也并不是所有公司都是这种情况，例如，相比于行业平均水平，格力的负债率一直处在比较高的水平，但这并没有影响其获得丰厚的利润。实际上，负债可以分为两种，一种是有利负债，另一种是不利负债。

通过分析财务报表就可以知道，在格力的债务中，有利债务占据了绝大部分，即产业链中无息负债的比例非常大，而那些金融方面的不利负债并不是很多。格力正是因为没有很多需要支付利息的债务，所以才会在负债率比较高的情况下维持利润的不断增长。

因此，在判断公司收益和风险时，投资者除了要看负债率以外，还会分析负债的性质如何。如果你的公司像格力一样，大多是有利负债，那么即使负债率比较高，投资者也会权衡其他因素，做出正向的投资决策。

3.2.5　公司享受的优惠政策

2019 年 1 月 18 日，财政部发布了《关于实施小微公司普惠性税收减免政策的通知》（下文简称《通知》），该《通知》对新创立的小微公司进行了力度很大的税收减免政策，如图 3-4 所示。

图 3-4　关于实施小微公司普惠性税收减免政策的通知

其中，主要的税收优惠、条件及计算方法如下。

（1）免征增值税：月销售额 10 万元以下（含本数）的增值税小规模纳税人。

（2）放宽小型微利公司的条件：不再区分工业公司和其他公司，统一按照"从事国家非限制和禁止行业，且同时符合年度应纳税所得额不超过 300 万元、从业人数不超过 300 人、资产总额不超过 5000 万元等三个条件"，如表 3-2 所示。

表 3-2　小型微利公司的认定条件

小型微利公司	原优惠政策	普惠性所得税减免政策
行业	国家非限制和禁止行业	国家非限制和禁止行业
从业人数	工业公司：不超过 100 人	不超过 300 人
	其他公司：不超过 80 人	
资产总额	工业公司：不超过 3000 万元	不超过 5000 万元
	其他公司：不超过 1000 万元	
年应纳税所得额	不超过 100 万元	不超过 300 万元

（3）公司所得税税收优惠计算：2019 年 1 月 1 日至 2021 年 12 月 31 日，对小型微利公司年应纳税所得额不超过 100 万元的部分，减按 25% 计入应纳税所得额，按 20% 的税率缴纳公司所得税；对年应纳税所得额超过 100 万元但不超过 300 万元的部分，减按 50% 计入应纳税所得额，按 20% 的税率缴纳公司所得税。

举例来说，C 公司 2019 年第一季度预缴公司所得税时，经过判断不符合小型微利公司条件，但是此后的第二季度和第三季度预缴公司所得税时，经过判断符合小型微利公司条件。那么，C 公司在第一季度至第三季度预缴公司所得税时，相应的累计应纳所得税额分别为 50 万元、100 万元、200 万元。

表 3-3　小型微利公司普惠性所得税减免

计 算 过 程	第 1 季度	第 2 季度	第 3 季度
预缴时，判断是否为小型微利企业	不符合小型微利企业条件	符合小型微利企业条件	符合小型微利企业条件
应纳所得税额（累计值，万元）	50	100	200

续表

计 算 过 程	第 1 季度	第 2 季度	第 3 季度
实际应纳所得税额（累计值，万元）	50×25%=12.5	100×25%×20%=5	100×25%×20%+（200−100）×50%×20%=15
本期应补（退）所得税额（万元）	12.5	0（5−12.5<0，本季度应缴税款为0）	15−12.5=2.5
已纳所得税额（累计值，万元）	12.5	12.5+0=12.5	12.5+0+2.5=15
减免所得税额（累计值，万元）	50×25%−12.5=0	100×25%−5=20	200×25%−15=35

　　注：实际应纳所得税额和减免税额的计算过程如表3-3所示。图例来源：关于《国家税务总局关于实施小型微利公司普惠性所得税减免政策有关问题的公告》的解读。

　　因此，如果创业者的公司确实满足小型微利公司条件，那它们就可以多关注国家税收减免政策，并将其展示在商业计划书上，这样有利于在减少缴税负担的同时提升融资的成功率。

　3.3　关于商业计划书的 5 个关键问题

　　对于广大创业者来说，商业计划书是寻找投资者的敲门砖。如果没有一块有分量的敲门砖，创业者很可能就无法敲开投资者的大门。创业者面临着严峻的挑战，这毋庸置疑，而顺利应对挑战的关键是你要能够打动投资者。

　　要想打动投资者，仅凭一份商业计划书是不够的。在撰写商业计划书过程中，创业者还需要处理一些棘手的问题，例如，是选择文字形式还是PPT（Microsoft Office PowerPoint，演示文稿）形式，页数设置为多少才合适，怎样知道投资者对项目是否有兴趣等。

3.3.1　文字形式和PPT形式哪个好

　　对于创业者来说，可以顺利从投资者那里拿到资金，在一定程度上意味着项目可以发展得更好、更持久。而能否拿到资金又与商业计划书的质量息息相关，所以在融资过程中，商业计划书就显得十分重要。

对于商业计划书，很多创业者都不知道应该使用文字形式还是 PPT 形式。事实证明，大多数投资者更喜欢 PPT 形式，因为这种形式的商业计划书视觉效果好，看起来比较有活力和吸引力。但是这并不表示，文字形式的商业计划书就没有可取之处。

通常来说，文字形式的商业计划书可以帮助创业者更好地厘清思路，提炼项目精华。如果将这些精华以 PPT 形式展示出来，则有利于投资者对项目整体情况有更深刻的思考，同时也可以帮助创业者对各个细节进行复盘。

因此，创业者可以先制作一个内容全面、详尽细致的文字形式的商业计划书，然后再从中筛选出亮点以 PPT 形式展示出来，最终呈现给投资者。也就是说，PPT 形式的商业计划书通常以点、面为主，涵盖了一些最关键、最核心的内容；而文字形式的商业计划书则需要透视整个商业模式和运作流程，即点、线、面全部都有涉及。

3.3.2 最合适的页数是多少

在初次撰写商业计划书时，很多人都不知道最合适的页数应该是多少。页数少了，怕要点展示不全；页数多了，又怕投资者没有耐心去看。目前，投资者对商业计划书的页数没有明确规定。有人认为页数越多越好，因为页数多了就可以向投资者展示更多的内容，获得投资的概率就会越大。事实果真如此吗？当然不是。

我曾经看到有个公司做了一份将近 100 页的商业计划书，里面的内容非常详尽。但是到了后期，投资者的耐心早就没有了，很难有心情再去仔细浏览。也就是说，即使这份商业计划书的内容再多、再好、再全面，那也无济于事。

在大多数情况下，一份好的商业计划书应该为 10 ～ 15 页，这样既可以展示最重要的内容，也可以维持投资者的耐心。有些人可能会觉得 10 ～ 15 页有点少，其实不然，这样的页数足以让我们把要点展示出来，下面以一个 PPT 型的商业计划书为例，如图 3-5～图 3-14 所示。

第 1 页：介绍"公司发展目标"，如图 3-5 所示。

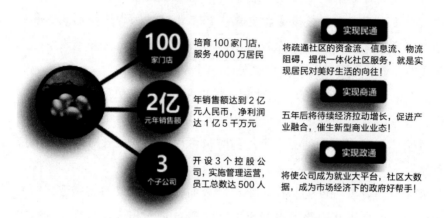

图 3-5　公司发展目标

第 2 页：介绍"收入来源"，以便让投资者判断回报预期，如图 3-6 所示。

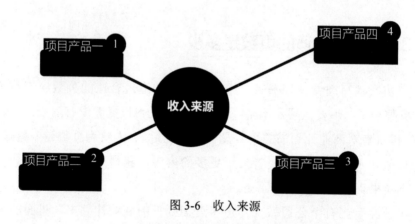

图 3-6　收入来源

第 3 页：介绍"各收入来源的盈利情况"，如图 3-7 所示。

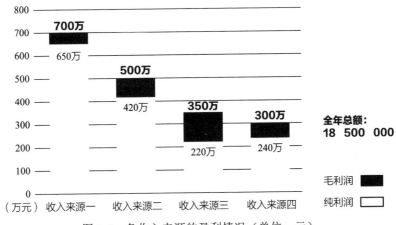

图 3-7 各收入来源的盈利情况（单位：元）

第 4 页：介绍"市场情况"，如图 3-8 所示。

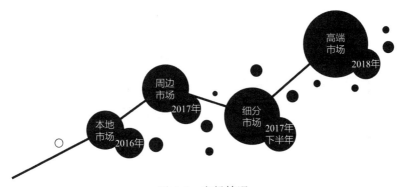

图 3-8 市场情况

第 5 页：介绍"推广方式"，如图 3-9 所示。

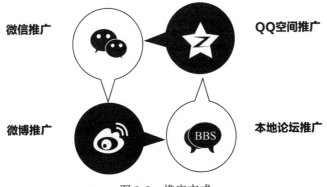

图 3-9 推广方式

第 6 页：介绍"广告投放场景"，如图 3-10 所示。

图 3-10　广告投放场景

第 7 页：介绍"竞争优势"，如图 3-11 所示。

图 3-11　竞争优势

第 8 页：介绍"支出成本"，如图 3-12 所示。

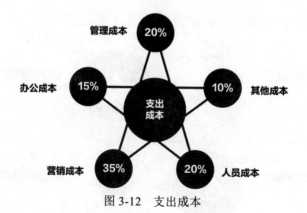

图 3-12　支出成本

第 9 页：介绍"所需资金与现有资金"，如图 3-13 所示。

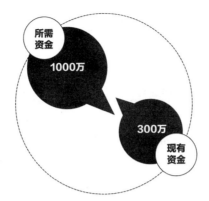

图 3-13 所需资金与现有资金（单位：元）

第 10 页：介绍"资金主要用途"，如图 3-14 所示。

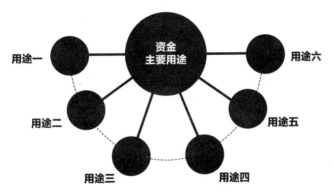

图 3-14 资金主要用途

第 11 页：介绍"项目创新点"，如图 3-15 所示。

图 3-15 项目创新点

该案例将一些重要内容都涵盖了进去，把公司亮点都展示给了投资者。而且，里面的数据以及竞争优势对投资者有很大诱惑力。当然，在实际撰写商业计划书时，我们可以根据公司实际情况对每一页内容进行调整。总而言之，一定要尽可能地把自身优势展示出来，并且有理有据，这样才更容易吸引到投资者。

3.3.3　可以让财务顾问代写商业计划书吗

可以让财务顾问代写商业计划书吗？最好不要。商业计划书是创始人和核心管理团队的作战"武器"，理应由他们自己来写。试问，哪个CEO在融资时，身边会一直带着财务顾问呢？

通常情况下，财务顾问对市场情况、行业现状、发展趋势并不太了解，而且也没有管理和运营方面的经验。他们往往只能处理一些财务问题，从财务角度给出一些帮助和建议。例如，在写商业计划书中有关财务部分的内容时，就可以向专业的财务顾问咨询一下。千万不可以让财务顾问写整份商业计划书，更不可以将融资这种关乎公司"生死存亡"的事情全部交给财务顾问。

投资者面对的是创业者，投资的也是创业者，如果创业者没有清晰的思路，无法给出合理的财务预测，也不了解财务数据和业务发展之间的关系，那么融资的成功率将非常低。因此，创业者可以使用财务顾问，但是要让他们做幕后人员。

在展示商业计划书，以及与投资者谈判时，创业者可以自己出面，而不需要由财务顾问到处张罗。切记，一定不能让财务顾问成为创业者和投资者之间的"障碍"。

3.3.4　投资者会偷走你的构思吗

正所谓"不入虎穴，焉得虎子"，如果缺乏冒险精神，怎能成就一番大事业呢？有些创业者谨小慎微，害怕投资者会偷走自己的想法或构思，甚至在展示商业计划书之前会要求投资者签订保密协议。我们暂且不讨论此种做法是否明智和正确，不过必须承认，这会使创业者过滤掉一大批投资者，其中还有一些是愿意投资，而且可以提供资源的投资者。

当创业者提出签订保密协议的要求时，不客气的投资者会立刻终止与其的沟通和交流，以便节省自己的时间和精力。如果碰上客气一点的投资者，那么他们会自己拟定一份保密协议，然后让创业者签字。当然，还有一些投资者会明确表示，不签订任何与商业计划书有关的保密协议。

很多商业计划书的封面上都标明了"保密协议"字样，也就是说，投资者只要收到、看到里面的内容，一旦出现泄露情况，就应该由他们负责。但是我相信，绝大多数投资者的人品都没有问题，他们既专业又正派，不会做出一些不好的行为。

为什么投资者不愿意签订保密协议呢？其实就是因为要保护自己的权益。试想，如果一个投资者手里共有 5 份关于 5G 项目的商业计划书，那么在与 A 签订了保密协议的情况下，他又把资金投给了 D，这时，A 会不会向投资者提起诉讼呢？大家可以自行考虑。

3.3.5　怎样知道投资者对项目是否有兴趣

在发送了商业计划书之后，创业者最想知道的无非是投资者对项目是否有兴趣。对于这一点，我们可以准备以下三个"诱饵"，如图 3-16 所示。

项目简介　　　商业计划书　　　财务预测计划

图 3-16　怎样知道投资者对项目是否有兴趣

这三个"诱饵"应该如何使用呢？我们可以遵循这样的步骤。

（1）根据已经确定好的投资者名单，写一封邮件，邮件内容可以是两三句寒暄的话语，再加上"项目简介"。

（2）在收到邮件之后，如果投资者立刻给出了回应，并询问有没有完整的商业计划书，那么你就要在第一时间将商业计划书发送出去，供投资者浏览和分析。

（3）在收到商业计划书之后，如果投资者主动和你联系，想知道你有没有详细的财务预测计划，那么你就要将财务预测计划及时发送出去。

此时，投资者已经对项目产生了一定的兴趣，所以你需要做好充分准备，以便更好地应对投资者的面谈邀约。

（4）如果在两周以内，投资者还是对你的"项目简介"没有回应，那么你可以试着再发送一封邮件，邮件内容可以是两三句寒暄的话语，再加上商业计划书。

（5）在投资者给出正面回应之后，你需要把步骤(3)的做法重复一遍。如果过了很长时间，投资者也没有询问关于商业计划书的问题，那么你可以再发送一封邮件，询问他（她）对商业计划书的意见和建议。如果这次投资者还是没有任何回应，你就没有必要在他（她）身上浪费时间了，因为他（她）对项目根本没有兴趣。

在表达"YES（肯定）"和"NO（否定）"时，很多投资者会比较委婉。创业者需要擦亮眼睛，争取用最短的时间看清投资者的真实想法。此外，如果因为某些原因被投资者拒绝，那么创业者必须清楚自己接下来应该做什么，并以一个更好的姿态开始新一轮的融资。

第 4 章
如何找到对口投资者及谈判技巧

找到对口投资者，并与其谈判是技巧性非常强的活动，也是实现创业者梦想的一个重要部分。在融资过程中，找到投资者很难，与投资者谈判更难。如果你已经准备好融资的相关资料和方案，开始找投资者，那么接下来就需要把谈判提上日程。

如何才可以找到投资者、应该运用怎样的谈判技巧是本章要解决的两个问题。我建议大家在把握融资目标和基本原则的同时，多渠道、多方法地约见多个投资者，占据谈判的主动性。这样不仅可以提高融资成功率，还可以拓展人脉，为下一轮融资奠定基础。

4.1 了解领域内的投资者

为了吸引更多更好的项目，很多投资者都宣称自己给钱多、人脉广、实践经验丰富、投后管理完善。但真实的他们究竟如何，创业者很难了解到。所以，判断和筛选一个好的投资者对创业者来说不仅是一件比较困难，而且是一件非常重要的事情。要想做好这件事情，创业者需要了解投资者的过往投资案例、对行业的理解、可以提供的资源。

4.1.1 分析投资者的过往投资案例

在融资圈内，难以判断投资者的好坏已经成为一个比较严重的问题。因为信息不对称和实践经验少，许多年轻创业者都不能很好地解决这个问题，也因此造成了一定的损失。例如，创业者白峰接受了金额为 100 万元的天使轮融资。后来，投资者用了 1 年的时间借助各种手段增加自己的股权，使自己成为公司的第一大股东。

随着公司估值的不断增长，投资者的 100 万元已经涨到了上千万元。而且，在 1 年时间里，白峰一直感激投资者，并拒绝来自其他投资者的友善建议。然而，白峰并不知道自己已经进入了投资者设下的圈套，也不知道自己的控制权会被不断削弱。

之前，这个投资者一直在钻投资协议的空子，而且还私自改变股权结构和董事会成员，以此来掌握公司的控制权。如果当初白峰对这个投资者的过往投资案例有过调查和分析，就不至于让自己的控制权落到别人手里。

实际上，很多创业者选错投资者的原因都是相似的，那就是听信了投资者的一面之词，没有提前全方位了解投资者。在刚刚认识投资者时，创业者不应该用名气来推测其好坏。另外，很多有名气的投资者也有可能刻意打压创业者。

此外，现在很多投资者可能本身就是一些领域的专家，虽然他们的名气不是很大，但其实对很多行业都有自己的深刻理解，过往投资案例也十分丰富。这样的投资者往往在基金内部有着决定性的影响力，所以在与他们交谈时，创业者不能迷恋头衔以及大佬光环，否则就会因为判断失误而错失绝佳的融资机会。

4.1.2　看投资者对行业的理解

在对投资者有了一定了解之后，创业者就可以在此基础上，根据资产和资源需求筛选出对行业有深刻理解的投资者。很多时候，投资者不只是简单地为创业者提供资金，他们还有丰富的投资经验。如果遇到了专业、懂行的投资者，那么创业者不仅可以获得资金、管理上的帮助，还可以获得基础设施建设、发展战略等方面的帮助。

看投资者是不是对行业有深刻理解，需要创业者与之沟通，向他们请教问题。例如，当你问一个投资者"您平时重点关注哪些领域"时，大多数投资者的回答听起来都很机智："移动互联网、大数据，智能硬件，这些我都有关注。"总之，他们的回答会尽可能地笼统，以防止自己错失了好项目。这个回答对投资者是有利的，但是对创业者就不那么实在了。

经过观察和众多实例证明，投资者要是足够专业，那么他会对行业有详细分析和研究，让你看到他想要投资的诚意，而不是敷衍。如果是大型投资机构，我们可以从组织机构上看出其是不是专业。一些投资机构有专属的市场营销部门，还有专门负责处理外部信息和各种投资组合的部门。

对于公司来说，处理外部信息的部门可以帮助创业者搞定新闻发稿等工作；而那些处理投资组合的部门则对行业更加了解，可以帮助创业者优化公司各个部门组合。所以，在遇到这种优秀的投资机构时，创业者要把握机会，因为它们是非常专业、懂行的。

4.1.3　问清投资者可以提供哪些资源

融资不是"空手套白狼"，几乎所有的投资者都会带着一定的资源来和创业者谈论相关事宜。这也是投资者应该有的基本诚意。但是，口头上承诺的资源并不可信。为了确保万无一失，我们应该提前问清投资者可以提供的资源，判断他（她）是否靠谱。下面以吴军的经历为例说明问清投资者可以提供的资源的重要性。

一次偶然的机会，吴军在火车上认识了一位朋友张文龙。因为两人的人生观、价值观非常相似，所以有很多共同话题。到达目的地以后，两人似乎还有很多话没有说完。于是，两人互留了联系方式，准备进一步深交。

过了一段时间，吴军发现一个不错的项目，但苦于资金不足，迟迟未能开展这个项目的运作工作。某天，吴军像往常一样拨通了张文龙的电话。在交谈过程中，吴军把自己的苦恼向张文龙说了出来。没想到的是，张文龙激动地说："你怎么不早说呢，这么好的项目应该尽早着手运作。如果晚了就有可能被别人抢先。资金我有，算我给你投资。以后再需要什么资源，也可以随时和我说。"

听到这番话之后，吴军非常高兴，心里觉得这个朋友真是交得太值了。于是，两人约定面谈投资事宜。在交流过程中，张文龙一直表示资金和资源都不是问题，他可以提供。但是，他要占据公司70%的股权，剩下的股权才可以给吴军。吴军想了想，答应了。

资金到位后，吴军的项目很快就运作起来。由于吴军有着非常丰富的经验，不久之后，项目开始盈利。为了扩大业务范围，吴军想让张文龙提供一些人脉，发动更多的人宣传产品，但是张文龙并没有认识很多朋友，无法提供人脉方面的资源。

而且就在这时，张文龙还迫不及待地提出要按照股权比例分配公司的盈利。这种两难的境地让吴军无所适从。其实，如果吴军在最开始时就向张文龙确定可以提供的资源，如人脉、场地、设备等，并且"白纸黑字"地写下来，就不会出现这种情况。

融资不是玩游戏，也不是"小孩过家家"，而是涉及实际利益和公司发展的大事。如果我们相信了投资者的一面之词，认为他（她）可以提供各种各样的资源，轻则会导致公司运营面临困境，重则会使自己遭受经济损失。所以，在融资之前，我们一定要了解投资者可以提供的资源，确定实际情况与其所说相符之后，才可以考虑与其合作。

4.1.4 打探投资者在圈内的品行

能投入资金的投资者有很多，但真正能与创业者同甘共苦的投资者却很少。在生活中经常会有"过河拆桥"的人。有的投资者利用公司优势让自己赚足之后，就收购创业者的股权，将其抛弃。一旦与这样的投资者合作，创业者的努力很可能就会付诸东流，甚至沦为别人创业的工具。因此，在选择投资者时，一定要做好品行方面的考察。

如何才能判断投资者的品行呢？最佳的办法就是走进他的圈子，看他的朋友、同事对他的评价和看法。具体来说，应该从以下五个方面了解投资者的品行，如图4-1所示。

图4-1 投资者应具备的五种品行

（1）投资者要信誉良好。在公司创建初期，诚信起着至关重要的作用，甚至可以决定创业的成败。如果投资者不守信用，反复无常，往往会给公司带来毁灭性的打击。所以创业者一定要擦亮眼睛，多方打听投资者的信誉，以免让居心不良者有可乘之机。

（2）投资者要有不断进取的精神。在优胜劣汰、适者生存的商业竞争中，不思进取是一个非常严重的缺点，创业者如果可以与务实、脚踏实地、肯干能吃苦的投资者合作，就会让自己的公司变得更强更大。

同时，创业者还要让公司时刻保持新的生命力，不断地让优秀投资者加入，保证自己的团队是最优秀、最有战斗力的，这样才能把公司做得更大、更优秀。

（3）投资者的合作意识必须强，要尽职尽责。事业成功不是创业者自己单打独斗就能实现的，需要很多人通力合作。合作意识强的投资者会让公司更有竞争力。同时，有合作精神的投资者还能够时刻为创业者着想，在问题发生时，懂得问自己做错了什么，还能做什么，而不会将责任推给他人，埋怨他人。

（4）投资者不能斤斤计较，要有宽容大度的品质。斤斤计较的投资者总是会关注一些可能并不重要的细节，甚至会达到吹毛求疵的地步。而且这样的投资者往往缺乏大局观，会因为公司的一点小问题而中途退出。选择一个宽容的投资者，会让合作变得很愉快。

（5）投资者要具备意志力强，勇往直前的特征。与意志力强的投资者合作，创业者不仅会轻松很多，而且创业道路也会变得顺畅。即使创业者在创业过程中遇到问题，只要与投资者商议，寻求帮助，投资者便会尽自己所能提供支持，与公司共渡难关。

反之，如果找一个意志力薄弱，遇到问题就想打退堂鼓，总是让人泄气的投资者合作，那创业者肯定会过得很艰难。总之，具有"不抛弃、不放弃"精神的投资者才可能会是一个伟大的合作伙伴。

4.2 约见投资者的四大渠道

在正式谈判之前，创业者需要多约见几个合适的投资者，以便为融资增加更多的备选方案，使自己掌握更多的主动权。常用的约见投资者的渠道有四个：入驻孵化器或者联合办公场地、通过人脉资源引荐、找一些靠谱的融资平台、抓住社交媒体上的投资者。

4.2.1 入驻孵化器或者联合办公场地

在约见投资者时，对于创业者，尤其是缺乏人脉资源的创业者来说，孵化器、联合办公场地是不可忽视的渠道。它们可以为新成立的技术型中小公司提供基础设施和一系列服务支持，从而降低创业风险和创业成本，提高创业成功率。

创业者可以带着自己的团队入驻孵化器或者联合办公场地，从中接触到投资者，这样就可能让投资者投资自己的项目。目前比较优质的孵化器、联合办公场地有以下几家，如表 4-1 所示（排名不分前后），创业者可以根据项目具体情况进行选择。

表 4-1 优质的孵化器、联合办公场地

序 号	孵化器、联合办公场地	属 性
1	3W 孵化器	创业综合服务平台
2	太库	创业综合服务平台
3	桔子空间	以联合办公场地为主的创业服务品牌
4	科技寺	创业综合服务平台
5	头条号创作空间	今日头条旗下新媒体创业加速器
6	微软创投加速器	微软旗下孵化器
7	氪空间	36kr（氪）旗下创业孵化器
8	NEXT 创业空间	互联网孵化器机构
9	优客工场	主打创业的共享办公空间

这些孵化器、联合办公场地对于创业者找到投资者是非常有效的，可以帮助创业者直接接触投资者。当创业者有机会在投资者面前展示自

己时，获得融资的可能性就会大幅度增加。不过利用孵化器、联合办公场地寻找投资者是一个比较缓慢的过程，需要创业者有足够的耐心。

如今，大多数孵化器、联合办公场地都是由非营利性组织和投资机构创建的，为中国的创投事业做出了很大贡献。在中关村创业大街的车库咖啡、3W 咖啡等孵化器内，每天都会有一些投资者出没。如果创始人眼力好，很容易碰到愿意掏钱的投资者。当然，要想顺利融资，前提还是要做足功课，保证言之有物。

4.2.2　通过人脉资源引荐

如果有人信任你，愿意将自己的人脉资源引荐给你，这意味着他愿意为你的表现承担风险与连带责任，这种信任是非常珍贵的。如果你不愿意入驻孵化器或者联合办公场地，那么就可以通过朋友引荐的方式来约见投资者。例如，聚美优品创始人陈欧就是在朋友引荐下才认识徐小平的。聚美优品也是徐小平比较成功的投资项目，为其带来了数千倍回报。

在陈欧为游戏对战平台 Garena 寻找投资者时，他的斯坦福校友、兰亭集势创始人郭去疾就决定把徐小平引荐给他。见到陈欧没多久，徐小平便决定为 Garena 投资 50 万美元，占股 10%。不过，当时因为学业问题，陈欧并没有拿徐小平的投资，此次融资也就不了了之。

两年后，陈欧留学归来，又一次遇到徐小平。在陈欧简单介绍了自己的游戏广告项目后，徐小平没有任何疑问，投资了 18 万美元，甚至还将自己在北京海淀区的房子低价租给陈鸥作为办公场地。

随着市场的变革与创新，陈欧发现线上化妆品是一个不错的发展方向，而且还缺少权威性的公司。于是，陈鸥在做着游戏广告项目的同时，上线了团美网（聚美优品的前身）。团美网凭借自身正品、平价的优势，通过口碑相传，在短期内发展迅速，而后更名为聚美优品。

随后，在徐小平的支持下，陈欧将之前的游戏广告项目全部停掉，专注于聚美优品的发展。陈欧借助朋友的引荐找到他的投资者徐小平是极其幸运的。如果没有徐小平，谁也不知道会不会有聚美优品。

如果你正在寻找投资者，那么就应该尽可能将这一信息传播到人际交往圈子里。不管是你的家人、朋友还是同事，他们都有可能为你引荐投资者。对投资者来说，如果你的引荐人恰好是他的熟人，他们会更愿意投资，这就是信任的力量。

4.2.3　找一些靠谱的融资平台

就现阶段而言，通过人脉资源引荐找到投资者的创业者毕竟是少数，一些"草根"创业者并没有这样的机遇。那么这时，融资平台的作用就可以充分发挥出来了。创业者可以将自己的项目放到免费的融资平台上吸引投资者。目前比较优质的融资平台有以下几个，如表4-2所示（排名不分前后），创业者可以根据需要自行选择。

表4-2　比较优质的融资平台

序　号	融资平台	属　性
1	腾讯创业	腾讯旗下的创投领域综合服务平台
2	IT桔子	创投行业产品数据库及商业信息服务提供商
3	NEXT	36kr（氪）旗下的类Product Hunt产品
4	Demo8	创业邦旗下新产品分享交流平台

在将项目放到融资平台上之后，我们就需要做好营销。营销方式有很多种，例如病毒式营销、媒体采访等。快看漫画创始人陈安妮曾经依靠文章《只过1%的生活》刷爆朋友圈，并且获得了几十万种子用户和首轮融资。

所以，如果有能力做营销，我们一定要试试，正所谓"谋事在人，成事在天"。另外，走传统道路也是约见投资者的途径，例如，将项目发布在虎嗅、创业邦等媒体上。这些媒体的曝光量是非常大的，或许会有投资者因此而看到你的项目，并且愿意投资。

营销方式多种多样，我们可以多多尝试，或许就会有意想不到的结果。无论是使用融资平台，还是采取各种各样的营销方式，目的都一样，那就是找到适合自己的投资者。一般来说，使用的营销方式越多，波及的范围越广，找到投资者的概率就越大。

4.2.4 抓住社交媒体上的投资者

如今，互联网越来越发达，5G已经获得了良好发展。在这样的趋势下，线上联系投资者的方式用得越来越频繁。一般来说，很多知名投资者的微博、抖音、论坛等社交媒体都是对外公开的，创业者可以利用这些社交媒体的私信功能与其进行交流，以争取获得其青睐。

在私信投资者时，创业者应该编辑好内容，将公司和项目大致情况介绍一下。还要让投资者知道，这些内容是专门发送给他的，并不是统一的模板。当然，创业者也可以直接将商业计划书私信给投资者，不过前提是，商业计划书的质量足够高。

除了公开的社交媒体以外，创业者也可以利用微信、QQ等比较私密的社交媒体。当然，这需要创业者具备较为丰富的人脉资源。众所周知的《西游记之大圣归来》（以下简称《大圣归来》）就是依靠微信拿到了780万元资金，才得以顺利发行，并获得高票房的。

在上映之前，《大圣归来》已经筹备了近8年时间，团队压力非常大。作为电影出品人，路伟表示，如果按照"老套路"来运作，《大圣归来》的票房顶多1亿元。业内很多资深人士更悲观，预估票房最高只能到8000万元。

在这种情况下，路伟想到一个办法：在微信朋友圈发消息为《大圣归来》众筹。他用寥寥数语说明《大圣归来》是一部动画片，制作非常精良。而且，路伟还做出了"保底分红"的果断决策，相信电影不会亏本。

出乎意料的是，路伟发了朋友圈之后，当天就有超过70位朋友加入了名为"大圣电影众筹"的微信群，4个小时便募集到500多万元资金。一个星期之后，《大圣归来》共募集资金780万元，有89名投资者参与。他们以个人名义入股《大圣归来》领衔出品方"天空之城"，直接参与到这部投资约6000万元的电影中。

路伟通过微信为《大圣归来》项目融资，其成功的原因有一部分来自众人对项目和他本人的信任。如果你在业内有一定的名气或者影响力，也具备丰富的人脉资源，借助社交媒体寻找投资者，应该是一件比较容易的事情。

▣ 4.3 如何在融资谈判中占据主动

在尽职调查后期，如果投资者没有发现重大隐瞒问题，便会与创业者就一些细节进行更加深入的融资谈判。在融资谈判中，谁占据主动，谁就可以获得更多利益，拥有更多话语权。那么，我们应该如何在融资谈判中占据主动呢？

第一，坚持用实力说话，不讲太多"花言巧语"；第二，直接击中要点，避免长篇大论；第三，找拒绝投资的投资者要资源，不要一味地寻求反馈；第四，在签署投资协议之前，先明确节点；第五，掌握一点修辞学，多用一些疑问词。

4.3.1 花言巧语，不如先用实力说话

对于投资者来说，无论创业者把团队、项目、商业模式、市场情况、组织架构等介绍得多详细、多有吸引力，有些重要数据也不能丢下，例如，日/月/年活跃用户数量、日/月/年新增用户数量、每用户平均收入、用户留存率、日/月/年销售量等。

很多时候，如果不是早期或者创新的项目，投资者就是依照上述数据做出投资决策的。因此，在进行融资谈判时，创业者可以直接向投资者抛出一连串数据，然后围绕这些数据做一些解释和畅想。现在的投资者不喜欢无趣、枯燥的概念和陈述，而是更喜欢可以反映项目真实情况的数据。一看到数据，投资者瞬间就会有了兴趣。

对于投资者的兴趣，我们也要学会辨别。例如，为了让场面不至于太过尴尬，投资者可能会在临走时说，"我们还是很喜欢这个项目的，回去考虑一下再给你们答复。""我们会在下周通知您最终的投资决策。"实际上，这些话创业者没有必要太当真，因为如果投资者对项目有很强烈的兴趣，那么势必会立即表现出来，以防止其他投资者捷足先登。

因此，创业者除了要避免和投资者说一些"花言巧语"以外，还要识别投资者的"花言巧语"，切勿让自己陷入"一厢情愿"的境地。

4.3.2　长篇大论，不如击中要点

在融资谈判中，如果超过 1 个半小时，甚至两个小时还没有结果，那就没必要进行下去了。在我看来，融资谈判时间应该控制在 1 小时左右，这段时间足够创业者和投资者交心和互动了。在这段时间内，创业者还可以把吸引投资者的要点都展示出来。

当然，如果投资者对项目十分感兴趣，想知道更多细节，也愿意和创业者一起畅想未来，那么就可以将时间适当延长。如果投资者没有表现出热情、积极的样子，把融资谈判拉得太长，全程都长篇大论，只会是浪费双方的精力和时间。

4.3.3　寻求反馈，不如要点资源

在被投资者无情拒绝之后，很多创业者都会寻求反馈，其实这样的做法并不妥。因为如果投资者不想投资，那么他（她）心里的想法可能会是这样："整个团队看上去好像不太靠谱，项目也没有亮点，商业模式更是行不通。"对于投资者这样的想法，一些创业者很难以一颗平常心接受。甚至那些过于执着的创业者还会与投资者辩论几句，并说出一些狠话，例如，"你们根本什么都不懂，看不出来我们的优势"等。

无论是上述哪一种情况，对双方来说都是不开心的经历。因此，大多数投资者都不愿意给创业者反馈，以防止自己在无形中得罪了创业者。我认为，如果投资者拒绝投资，那么创业者可以让他（她）介绍一些其他的人脉资源。一般来说，投资者都非常愿意"做好人"。

4.3.4　签署投资协议，不如明确节点

有的投资者只要看见好的、有丰厚收益的项目，就会想要当场签署投资协议。对于创业者来说，这固然是一件好事情：一方面节省了路演所消耗的时间和精力；另一方面，如果价格和条款都没有问题，那就更是万事大吉。

遇到这样的情况，其实我希望创业者不要只顾着开心、激动，而是

要把节点明确下来，例如，问清楚投资者发放资金的条件和时间等。一般来说，在融资过程中，尽职调查后的结果最为关键，所以问清楚投资决策的周期和步骤非常必要。双方把一些重要节点提前说明白，是一种相互负责任的表现。

4.3.5　用一些疑问词，学一点修辞学

修辞学可以在融资谈判中发挥作用，创业者应该懂一些修辞学，培养自己的语言功底。此外，在向投资者提出问题时，创业者也不应该使用反问句，例如，您能给的资金只有这么多？您到底是不是真心想为我们投资？

一般来说，使用疑问词的效果会更好，例如，您还能增加多少资金？您需要我们做什么才可以为我们投资？这些疑问句都无法用简单的"YES"或者"NO"来回答，所以创业者得到的答案也更有价值和意义，而且双方也可以拥有同等的话语权。

创业者在选择要提出的问题时，首先要考虑你平复投资者心境的能力。如果你这方面的能力比较强，那就可以提一些比较刁钻，但又非常重要的问题；如果你这方面的能力比较弱，那就最好只提一些比较正常的问题，以防止融资谈判"崩盘"。

为了得到更多细节，有些创业者甚至会口无遮拦，导致投资者觉得自己被冒犯。就像前面提到的"您到底是不是真心想为我们投资"，在听到这样的提问以后，谁会感到开心呢？通过由浅入深的方式逐渐提出一些比较敏感的问题，可以让投资者舒缓心情，有利于加深与投资者的交流，促进融资谈判的成功。

4.3.6　滴滴出行：与Uber达成合作的谈判之道

在国家发布新规将网约车合法化以后不久，滴滴出行便宣布与Uber（美国一家基于互联网的汽车共乘服务公司）达成全球战略协议。协议称，滴滴出行将收购Uber中国，与Uber全球相互持股，成为对方的股东。而在此之前，两方断断续续已谈判数年之久。

早在 2012 年，滴滴出行的早期投资者朱啸虎就曾到访过 Uber 全球的旧金山总部，他建议 Uber 全球创始人特拉维斯·卡拉尼克（Travis Kalanick）投资滴滴出行 5% 的股权，把中国市场完全交给滴滴出行。但 Uber 全球当时显然有更大的野心，提出要占股 30%～40%。这与朱啸虎的期望相差甚远，于是谈判不了了之。

2014 年，滴滴出行与快的打车合并。当时，Uber 全球的估值已超过 400 亿美金，双方都正是意气风发的时候。卡拉尼克主动找上滴滴出行，宣称"要么接受 Uber 占股 40% 的投资，要么被 Uber 打败。"他的这种高傲的态度激起了滴滴出行的斗志，最终选择"出击"。

"战役"持续了一年半，看不见的硝烟在市场上弥漫。即使 Uber 全球在中国消耗了 20 亿美元，但一切仍然没有结束。在这个过程中，滴滴出行还与 Uber 全球在美国的主要竞争对手 Lyft 达成了合作。此次事件让滴滴出行与 Uber 全球的竞争关系变得更加复杂。

2016 年，卡拉尼克主动向滴滴出行 CEO 程维抛来橄榄枝：一方面，卡拉尼克意识到在滴滴出行占股 40% 的期望不可能达成；另一方面，资本市场的寒冬即将来临，来自董事会的压力迫使他必须立刻停止烧钱，并迅速让 Uber 全球盈利。

但在与滴滴出行的较量中，Uber 中国的网约车市场份额一直被滴滴出行压制，继续打下去是一个无底洞。在这种情况下，Uber 全球必须尽早止损。滴滴出行与 Uber 全球的团队通过远程电话会议进行谈判，开诚布公表明自己的条件。

由于卡拉尼克大大降低了自己的预期，因此谈判进程很快。在中间人的见证下，双方律师通宵修改协议，历时两周达成共识：Uber 全球将持有滴滴出行 5.89% 的股权，相当于 17.7% 的经济权益，Uber 中国的其余中国股东将获得合计 2.3% 的经济权益。

Uber 全球最初希望对滴滴出行占股 40%，最终只收获了 20%，表明其在与滴滴出行的较量中最终落了下风。但不论过程如何，由于双方利益点一致，因此坐上谈判桌达成合作战略是早晚的事情。面对共同的利益，滴滴出行与 Uber 全球选择握手言和，迎来皆大欢喜的结局。以后网约车市场又会迎来怎样的变革，我们可以拭目以待。

第 5 章
如何判断你的公司价值

投资者在投资之前，通常都会对公司进行估值，以此来确定自己应该占有的份额。这是一个比较困难，并且带有一定主观性的过程，毕竟不确定因素太多。鉴于此，估值其实属于一种前瞻性的预测，这种预测对于拥有可持续发展能力的公司来说才有意义。

5.1 相对估值

相对估值比较简单，也非常容易理解和操作，因而受到广泛关注。相对估值主要包括可比公司分析、先例交易分析两种方法。这两种方法各有特点，并且分别适用于不同的公司。目前，相对估值面临比较严峻的挑战，存在被乱用、滥用、逐渐变得浅薄化等突出问题。为了更好地应对挑战，我们需要掌握与之相关的知识和技巧。

5.1.1 可比公司分析

可比公司分析是比较常用的一种估值方法，其关键在于要找到一组合适的可比公司。这个可比公司在规模、产品组合、增长潜力、核心业务、财务特征等方面与目标公司高度相似。可比公司分析通常要根据市场形势以及投资者的心态来反映当前估值，所以其结果要更接近于市场价格，也就是和市场的相关性更强。

在选择可比公司时，应该从竞争对手入手，例如通过网络搜寻竞争对手中的上市公司。一般来说，选择 5 ~ 10 个可比公司来与目标公司进行比较，是最为合理的做法。另外，我们还需要找出可比公司的财务信息，如上一年的年度财务报表、当年的季度财务报表等。

这些报表可以为目标公司提供计算过去 12 个月财务业绩所需要的数据，有了这些数据，就可以获得可比公司的主要财务比率。

　　盈利能力、投资收益、杠杆率是与主要财务比率息息相关的3种数据。其中，盈利能力可以通过毛利率、EBITDA（税息折旧及摊销前利润）率，EBIT（息税前利润）率以及净利润率来分析；投资收益可以通过已投资本回报率（ROIC）、股东权益回报率（ROE）、资产回报率（ROA）来分析。而杠杆率的衡量指标一般是债务对EBITDA率的比率，以及债务对资本总额的比率。一般来说，杠杆率越高，公司陷入财务困境的风险就越大，所以投资者大多会十分关心公司的杠杆率。

　　把所需财务信息和数据收集好，并制成表格之后，就可以计算可比公司的相关倍数，如历史市盈率、预测市盈率等。接下来，我们还需要将目标公司与可比公司进行分析和比较，此举的主要目的是确定目标公司在同行业内的相对排名，并据此设置估值的大概范围。

　　为了让估值更精确，我们需要选择与目标公司最为接近的可比公司，然后排除离群值。此外，还需要分析和比较相关倍数，然后找到最佳可比公司。在识别出与目标公司最接近的可比公司之后，我们就可以确定最终的估值。

　　可比公司分析估值法的优点在于，财务信息和数据可以在一定程度上反映市场动态。而且这个估值方法操作起来也比较简单、便捷。

5.1.2　先例交易分析

　　从定义上来看，先例交易分析就是通过之前并购交易中支付给可比公司的乘数来确定公司估值。进行先例交易分析，通常需要遵循以下几个步骤，如图5-1所示。

选择可比公司

找出相关的交易信息和财务信息

计算关键性数据

进行可比收购案例的基准比较

确定公司的估值

图 5-1　先例交易分析的步骤

1. 选择可比公司（必须是被收购的公司，而不一定非是上市公司）

一般来说，选择可比公司应该从五个方面入手：第一，在业务和财务上与公司具有相同性；第二，考虑资本市场环境和行业周期性，没有必要只关注时间非常近的案例；第三，与投资者相比，战略买家往往可以支付更高的收购价格；第四，分析卖方动机和买方动机；第五，与现金对价相比，股票对价产生的估值可能会比较低。

2. 找出相关的交易信息和财务信息

相关的交易信息和财务信息主要包括收购可比公司的价格、需要支付的对价类型、收购标的和收购方的股票价格、现金流量表、收购标的的股票期权数等。这些信息我们也许可以获取，也许无法获取，这是由交易本身决定的。

例如，在被收购之前，如果收购标的已经上市，那么我们就可以从公开文件中获取信息。如果收购标的是小有规模的私人公司，那么我们可以从收购方提交的 8-K 文件（当期报表/当前报表）中获取信息。当然，通过浏览新闻报道、行业出版物、新闻通稿，我们也可以获取相关信息，从而更好地理解交易的背景和动向。

3. 计算关键性数据

关键性数据包括公司价值等无杠杆倍数，以及市盈率等杠杆倍数。

一般来说，公司价值＝股票价格＋总债务＋优先股－现金＋非控制性权益；市盈率＝股票价格/每股收益×100%。其中，总债务、优先股、现金、非控制性权益等都可以从资产负债表中获取，而股票价格、每股收益则可以从公开文件中获取，或者也可以直接由公司提供。

4. 进行可比收购案例的基准比较

深入分析可比收购案例，找出最具相关性的那一个。同时，我们也需要重新审视收购标的的业务特征、设定其比率数基准，识别出最合适的可比收购案例。一般来说，比较特别的、近期完成的、财务特征相似的直接竞争对手的交易具有更高的相关性。

5．确定公司的估值

因为受到控制权溢价、协同优势等方面的影响，通过先例交易分析得出的估值会比可比公司分析更高。如果出现了与之相反的结果，那么我们就需要重新审视交易信息、财务信息，以及计算公式。当然，如果恰巧遇到了行情特别好的情况，那么很可能会出现这样的现象：可比公司分析的估值要高于先例交易分析的估值。

先例交易分析是从市场的角度为公司提供估值建议，而且以最新的股票价格和相关信息为基础，因此得出的结果会比较科学。但是找到合适的可比公司和可比收购案例并不容易，尤其对于商业模式独特、处于利基行业中的非上市公司来说，更是难上加难。另外，市场也许会高估或者低估公司的价值，如果真的出现这种情况，那么将对最后的结果产生影响。

5.1.3　可比交易分析

可比交易分析指的是从类似的融资交易事件中获取有用的财务数据，求出一些相应的融资价格乘数，然后在此基础上对公司进行估值。该方法不仅操作简单，而且非常实用，主要包括以下 3 个步骤。

1．挑选同行业被投资的相似公司

可比交易分析并不对公司的市场价值进行分析，而是在市场上寻找类似融资交易。一般来说，同行业的同类公司被并购的案例最具参考价值。在计算出类似融资交易的平均溢价水平以后，就可以用这个溢价水平计算出公司的估值。

估值的过程既是对公司未来效益水平进行科学量化的过程，又受到当下市场环境的影响。随着市场经济的不断发展和公司产权的日益商品化，估值也越来越受到重视，正在成为衡量公司成功与否和整体质量的最全面准确的指标。

2．计算相应的融资价格乘数

可比交易分析与可比公司分析大致相同，是指在估值过程中，选择同行业中与公司规模相同，但已经被投资、并购的公司，在这些已经被投资和并购公司估值的基础上，获取与估值相关的财务数据，并计算出相应的融资价格乘数，以此为依据对公司进行估值。

全球首家电梯媒体分众传媒在收购框架传媒和聚众传媒时，便将自己的市场参数作为依据，对框架传媒和聚众传媒进行了估值。此外，完成框架传媒收购以后，框架传媒的估值也作为聚众传媒的估值依据。

融资价格乘数总是围绕着公司的真实价值上下波动，这一点是经济学的真理。创业者和投资者要以共赢、互惠的目标来讨论公司估值。如果在计算融资价格乘数时出现失误，这个目标就很难实现，而且也会对后面的步骤产生影响。

3. 根据溢价水平做出估值

在可比交易分析中，溢价水平也是需要考虑的一个重要因素，这个因素会影响最终估值的准确性。举例来讲，A公司在不久之前获得融资，B公司与A公司同属一个行业，并且在业务领域上也与A公司相似，但是B公司的经营规模比A公司大3倍，那么在对B公司进行估值时，就需要在A公司的估值基础上扩大3倍左右。在这种做法下，虽然实际的估值会出现偏差，但还是有一定参考价值的。

最后需要注意的是，由于各个行业的特点不同，溢价水平也会有所不同。例如，销售行业的溢价水平通常会比较高。也就是说，如果A公司与B公司的规模没有太大差别，但A公司属于销售行业，而B公司属于其他溢价水平比较低的行业，那么在为A公司估值时，最终结果就要相对高一些。

📓 5.2　绝对估值

以现金流贴现分析、利润与资产分析为代表的绝对估值优点非常鲜明，其逻辑框架比较稳固，可行性非常强。当然，缺点也十分明显，例如操作起来比较困难，假设和猜想过多，很多数据处于动态变化中。

5.2.1 现金流贴现分析

在对公司进行估值时，现金流贴现分析以公司未来现金流之和为核心。这种估值方法建立在公司平稳发展基础上，需要考虑公司未来 5～10 年内的预期收益。如果使用现金流贴现分析，那么我们就需要关注现金流、贴现率、控制权溢价及非流动性折价等因素。

1. 现金流估算

创始人与投资者达成的一致看法可以反映在现金流估算中，例如公司的利润率未来会提高，或者销售增长速度会降低，又或者需要增加投入来保养现有的设备与厂房等。

假设 A 公司的现金流是 1000 万元，因为销售前景非常不错，所以预测该公司的现金流在未来 5 年会以 10% 的速度增长。然而由于竞争加剧，5 年后 A 公司的现金流增长速度为 5%。接下来我们估算该公司未来 10 年的现金流，从第 11 年开始作为永久价值。那么根据以上信息，我们可以列出 A 公司从第 1 年到第 10 年的现金流估算结果，如表 5-1 所示。

表 5-1 A 公司从第 1 年到第 10 年的现金流估算结果

时 间	现 金 流
第 1 年	1100 万元
第 2 年	1210 万元
第 3 年	1331 万元
第 4 年	1464.10 万元
第 5 年	1610.51 万元
第 6 年	1691.04 万元
第 7 年	1775.59 万元
第 8 年	1864.28 万元
第 9 年	1957.49 万元
第 10 年	2055.36 万元

在估算非上市公司的现金流时，我们要特别小心，因为非上市公司的历史财务状况不像上市公司那样透明、清晰、详细。

2. 贴现率估算

怎样估算贴现率呢？美国晨星公司把美国股市贴现率的平均值设定为 10.5%。因为不同的公司不能使用一个固定的平均值，所以晨星公司又根据自身经验为贴现率设定了一个区间，即 8%～14%。一般来说，风险越高、波动越大的公司，贴现率越高，越接近 14%；风险越低、波动越小的公司，贴现率越低，越接近 8%。

3. 控制权溢价及非流动性折价估算

在对公司进行现金流贴现分析时，我们还需要考虑溢价和折价等关键因素。溢价源于控制权，控制权是产生价值的。相比于上市公司，非上市公司的股权交易通常伴随着控制权的转移。如果非上市公司的管理较差，那么投资者可以利用控制权来更换管理层以提升财务表现，这就是所谓的控制权溢价。

此外，市场还会给公司 20%～30% 的非流动性折价，现金流贴现分析应该将这部分成本考虑进去。如果现金流贴现分析运用合理，将会是一个非常强大的工具。不过我们必须知道，现金流增长率或者贴现率的任何微小改变都会对公司估值造成极大影响。

5.2.2　利润与资产分析

顾名思义，利润与资产分析就是根据利润、资产对公司进行估值。一般来说，快速发展的公司适合以利润为核心来确定估值，其逻辑是：投资者投资的是未来，是针对盈利能力给出一个合适的价格。因此，公司估值＝预测市盈率 × 未来 12 个月的利润。

其中，未来 12 个月的利润是通过公司的历史财务数据预测出来的，而预测市盈率则需要计算。通常来说，在确定预测市盈率时，普遍用到的方法是给历史市盈率打折扣。例如，互联网行业的历史市盈率是 60%，那么其预测市盈率大概就是 50%。对于同行业、同规模的非上市公司来说，预测市盈率会继续打折扣，在 20%～30%。

根据资产对公司进行估值是一种比较保守的方法。在实际操作时，我们应该先假设自己是一个相当谨慎的投资者，然后对公司资产进行预测，找出与公司资产相匹配的收购成本，并在此基础上对公司进行估值。

例如，在收购尤尼科时，中海油就是根据石油存储量对其进行了保守估值，最终以比较合适的价格达成了目标。这种方法以公司的真实数据为基础进行估值，看似非常准确，但是由于并未考虑到未来的经济收益价值，所以往往会将估值压得比较低。

5.2.3 销售额分析

如果公司还没有产生利润，或者产生的利润比较少，那么不妨以销售额为基础，按照行业平均利润率进行估值，如表 5-2 所示。

表 5-2 销售额分析

参照主体	平均利润率	年销售额	估值
某行业内公司	X	上一年年度销售额或下一年预计销售额 Y	$X \cdot Y$

例如，制造业的利润率超过 35%，公司估值可以是最近一期的年度销售额或预计下一年的销售总额乘以 2；批发业利润比较低，公司估值可以是年度销售额乘以 0.5；零售业内公司的估值可以是年度销售额乘以 1。当然，这里指的是一般情况，在实际操作时，还是要具体情况具体分析，原则上不应该偏离这些指标太远。

5.3 互联网公司难估值

由于自身的特殊性，互联网公司的商业模式和生态系统与传统公司有很大不同。鉴于此，互联网公司的估值并不是那么简单，除了要关注偿债能力、盈利能力等常见指标，还要考虑用户、流量、每用户平均收入等新型指标。

5.3.1　同样是卖手机的，小米为什么能估值450亿美元

马云说过："梦想还是要有的，万一实现了呢？"这句话其实非常适合小米公司。在完成第5轮融资之后，小米公司的估值达到了450亿美元，这样的估值水平已经接近很多互联网巨头，并把其他智能手机品牌远远甩到了后面。

如果从含税的销售额，以及市场估计的净利润来看，小米公司在市盈率估值和市销率估值方面都要高于其竞争对手。这也在一定程度上说明，与传统公司相比，互联网公司的估值方法有很大不同，估值结果也有很大不同。

在估值时，市场通常认为传统公司缺乏一个"好"的商业模式，主要原因有两个：一是竞争过于激烈，难以获得比较丰厚的收益；二是行业更迭速度过快，需要有源源不断的资金才可以生存下去。在对传统公司进行估值的过程中，线性思维的采用频率比较高，同时还会涉及市盈率、公司价值倍数、债权人收益、债权市值等指标。

然而，在对互联网公司进行估值过程中，因为其发展周期比较短，更迭速度比较快，收益变化也非常明显，所以不太适合采用线性思维。很多时候，市场更关注互联网公司的未来发展而非当前情况，而且也相信互联网公司会出现爆发式增长。

小米公司向投资者展示了一个几乎没有瑕疵的生态系统，这个生态系统以硬件、软件、服务为主，综合了MIUI系统、智能手机、路由器、电视、智能手环等众多产品。在该生态系统助力下，小米公司可与腾讯、阿里巴巴、华为等强大的竞争者"一较高下"，也可以牢牢占据互联网领域一席之地。

因为小米公司的盈利增长稳定，而且商业模式不会被轻易替代，所以估值才可以一路走高。一般来说，应用型公司可以有10亿美元左右的估值，而像小米公司这样的生态系统型公司，最高则可以有百亿美元，甚至千亿美元级别的估值。

即使估值比较高，从天使轮到A轮、B轮、C轮等不同阶段的投资者依然愿意为这个估值埋单，因为他们相信概率，相信小米公司会为他们带来丰厚的盈利。但如果是为传统公司投资，投资者则主要看重预期回报和收益情况。

5.3.2 同样是做用户的，中国移动和腾讯有什么不同

中国移动 2019 年的收入为 7459 亿元，净利润为 1066 亿元；而腾讯 2019 年的收入仅为 3772 亿元，净利润为 933 亿元。由此可见，与中国移动相比，腾讯的收入和净利润都稍逊一筹。不过，这种收入和净利润上的差异，并没有过多地体现在估值方面。

中国移动的估值是腾讯的 1.5 倍，腾讯的市盈率是中国移动的 3 倍。即使二者的用户规模没有太大差异（基本都在一个体量上），但市场对它们的看法有很大差异。

从收入来源看，中国移动以流量费用、通话费用、短信费用为主。这部分收入虽然比较丰厚，但我们不得不考虑一些其他原因，例如，我国不对外发展通信行业、存在巨头垄断（中国移动、中国电信、中国联通）现象等。在这种情况下，中国移动的上升空间其实比较有限。

反观腾讯，除了有直接向用户收取费用的产品和服务以外，还有广告、流量、电商、游戏、App 等多个收入来源。对于中国移动这种比较特殊的公司来说，这样的收入结构是难以实现的。随着用户规模的不断扩大，每个用户的价值也发生了巨大变化，因此，腾讯的上升空间，尤其是盈利方面的上升空间十分广阔，估值自然也可以"水涨船高"。

通过对中国移动和腾讯的对比分析，我们可以知道，在进行估值时，仅仅关注用户规模是不够的。投资者在做出投资者决策之前，通常还会考察公司的变现能力。一般来说，这个变现能力主要是由商业模式决定的。商业模式越创新，越持久，公司的变现能力可能就越强。

5.3.3 用户+流量+ARPU

以腾讯为代表的互联网公司都有明显的特征，例如发展周期短、更迭速度快等。在这种情况下，对互联网公司进行估值其实是一件不太容易的事情。

如果你经营的是一家互联网公司，那么在估值时，首先要明确商业模式，其次要分析发展阶段和变现能力，最后才是考虑指标。这里所说

的指标主要包括用户规模、流量、每用户平均收入（Average Revenue Per User，ARPU）、相关数据的变化趋势等。

如果把投资者对互联网公司的估值比喻成为一棵树，那么这棵树可能需要几十年，甚至几百年的时间去成长。因此，仅仅根据一段时间内的指标去决定互联网公司的估值并不科学。此外，可比公司的估值也非常重要。如果我们以市盈率、收入、净利润等指标来评价可比公司，那么在为互联网公司估值时，很可能会陷入"形而上学"的误区。可见，估值的指标越全面越好，有利于保证结果的准确性。

5.4　不可过度关注估值

在融资过程中，估值固然非常关键，但是在我看来，现在的很多创业者，尤其是新手创业者都将其看得太重，这无疑会给公司带来一些不必要的风险。创业者过度关注估值，很可能会付出长远代价，也会为后期融资制造巨大障碍，甚至还会导致投资者提出更严苛的条款。因此，创业者应该知道，估值虽然非常重要，但也不应把所有精力都放在这个上面。

5.4.1　短期收益之后是长远代价

如果创业者只愿意接受估值非常高的投资，从短期来看，确实可以获得丰厚的收益，但从长期来看，却需要付出一定的代价。一般来说，过度关注估值的投资者很难为公司做出很大贡献。因为他们可能把精力都放在了如何改善估值上，而忽略了一些更重要的东西，例如为公司经营和管理提供意见、帮助公司带来更多资源等。

对于创业者来说，只有选择正确、可靠、合适、值得信任的投资者，才可以从根本上推动公司的进步和发展。很多时候，即使估值被暂时压低了，未来还是可以为公司创造更多价值。现在，有很多创业者都是因为过度关注估值而选择了错误的投资者，并就此衰败下去，张耀杰就是其中比较具有代表性的一个。

张耀杰是一家公司的创始人，在融资时，有两位投资者都对他的项目感兴趣。其中一位投资者给出了 500 万元的估值，而另一位投资者则给出了 400 万元的估值。为了拿到更多的资金，张耀杰最终选择与第一位投资者合作。

殊不知，第一位投资者只有雄厚的经济实力，而缺乏足够的知识储备和实践经验，所以很难为公司提供实质的帮助。第二位投资者虽然经济实力差一些，但是掌握着技术专利和人脉资源，有利于公司业务的拓展和竞争力的提升。

因为选择与第一位投资者合作，所以除了资金以外，张耀杰并未从他那里得到好处。久而久之，公司便开始走下坡路。其实，如果当初张耀杰能够综合分析多方面因素，选择与第二位投资者合作，那么结果肯定会大不一样。至少第二位投资者可以为张耀杰提供一些技术专利，从而促进创新产品的研发和生产。

5.4.2　对后期的融资产生影响

如果种子轮融资的估值很高，那么可能会为后期融资制造巨大障碍。例如，你想把种子轮融资的估值定为 300 万元，又希望 A 轮融资的估值是 300 万元的 3 倍，甚至 4 倍。但面对一个规模不大，发展又不十分成熟的公司，投资者会把 A 轮融资的估值提高到 1000 万元或者更高吗？几乎不可能。

由此来看，对于初创公司而言，高估值的种子轮融资并不能产生很多优势。当然，如果你对项目和自身能力有足够的信心，认为即使把种子轮融资的估值定得很高，也可以成功获得投资者的青睐，那你就可以这样做，说不定能够取得成功。

从理论上来说，将种子轮融资的估值定高一些，确实有可能筹集到更多资金，大部分创业者也是这样想的。但是我觉得，开始不过度追求高估值，而是谨慎选择投资者，你将在后期融资中享受到更多的福利，如巨额的资金、丰富的资源、高质量的投资者等。

5.4.3　致使条款更为严苛

当创业者过度关注估值时，投资者很可能会为了抵御不利因素和避免风险发生，提出一些十分严苛的条款。面对着这样的条款，创业者通常会陷入两难境地：一方面，想要"快速通过"，但是又害怕自己吃亏；另一方面，想要"认真纠错"，但是又害怕投资者对项目失去兴趣。因此，创业者还是要权衡利弊，谨慎做出选择。

条款一般可以分为两类：排他类和机密类。其中，排他类条款可以避免创业者在一段时间内接触其他投资者；机密类投资条款可以防止创业者与其他投资者分享过多的信息和数据。这两类投资条款都没有什么问题，即使投资者要求也不会对融资造成太大影响。

不过，如果因为创业者过度关注估值，而使得投资者提出限制性条款，那情况就有所不同。例如，要是投资者要求签署对赌条款，而且对赌标的很多，完成起来非常困难，那创业者可能会因此而损失巨大。

第6章
签订投资协议必备的知识

投资协议是投资者与创业者就融资相关细节达成的原则性约定。投资协议除了明确公司估价和投资金额以外，还会明确投资者与创业者的责任和义务，以及达成合作的前提条件等。在签订投资协议之前，创业者还应该理解投资条款清单。

对于投资条款清单，我国的法律没有做出特别规定，因此其与正式的投资协议还是有很大区别。即使签订了投资条款清单，投资者也会有退出的可能。而如果签订了投资协议，那么投资者则无法退出，必须为公司投资。

6.1 理解投资条款清单中的十大核心条款

投资条款清单（Term Sheet，TS）可以看作投资协议的框架。从投资条款清单到正式投资协议，内容变化通常不会太大。投资条款清单中的条款比较多，最核心的是包括排他期、过桥贷款、优先清算权、强制随售权、董事会席位等在内的十个。如果创业者了解这些条款的意义，那么就可以在与投资者谈判时占据主动地位。

6.1.1 排他期

排他期其实就是我们经常提到的排他性条款，即创业者与投资者约定，在融资期限内，创业者不再与其他投资者谈判，以保证投资者完成尽职调查、签约、交割等工作。排他性条款是对创业者单方面的约束条款，也是投资条款清单中少数具有法律约束力的条款。

在投资条款清单中，排他性条款通常表述为："在投资条款清单签订后××日（排他期）内，公司及创始人不得与投资者以外的第三方进行与本交易有关的任何洽谈、做出与本交易有关的任何请求、接受与本交易有关的任何邀约、签订与本交易有关的任何协定。如双方同意，可以书面形式提前终止或者延长排他性。"

据统计，排他期平均为 61 天。艾媒咨询提供的数据显示，大约有 15% 的项目排他期在 30 天以内；大约有 70% 的项目排他期在 60 天以内；大约有 90% 的项目排他期在 90 天内。由此可见，投资者通常会要求一个比较长的排他期，以保护自己的权益。

对于排他性条款，创业者需要谨慎对待。很多创业者都没有意识到排他性条款的重要性，而同意了投资者设定的较长的排他期。但是如果投资者最后因为某些原因没有投资，那么创业者就白白浪费了大把的精力和时间。

我曾经遇到过一个因为融资失败最终导致项目资金链断裂的案例，在这个案例中，创业者与投资者约定的排他期超过两个月。因此，创业者应当在签订投资条款清单之前就同时锁定多个潜在投资者，选择最合适并且最有效率的投资者谈判。当然，排他期越短越好，这样才能给自己留下更大的选择余地。

6.1.2　过桥贷款

过桥贷款也被称为搭桥贷款，是指投资者与创业者签订了投资条款清单后，在短期内先给予公司一笔贷款，用于公司的经营发展。在融资完成后，贷款以及利息会转化为投资金额。在通常情况下，过桥贷款的利息非常低（年利率小于等于 10%）甚至根本没有利息。

下面以赵岩成的经历为例来看过桥贷款的重要性。赵岩成是一个电商领域的创业者，2020 年 6 月，他拿到了一个投资条款清单。投资者表示，2020 年 8 月之前可以完成所有工作，包括尽职调查、法律文件撰写、交割等。

非常巧的是，公司的现金流只能撑到 8 月中旬，因此赵岩成觉得放心了。然而，律师建议他向投资者要求一笔过桥贷款。因为根据经验，交割的实际时间通常会比预计时间晚上半个月，甚至 1 个月。如果中间有法定节假日，那实际时间还会被进一步拖慢。

最后，赵岩成听取律师的建议，于 1 周后从投资者那里拿到了过桥贷款，而且不需要支付利息。可见，过桥贷款不仅能顺利推动公司发展，还有助于公司获得投资。

在投资条款清单中添加过桥贷款的相关内容，结果往往是双赢的。对于投资者来说，尽管投资条款清单上有排他性条款可以单方面保护自己，但是法律效力比较弱。如果是一些竞争激烈的优质项目，即便创业者签订了投资条款清单，也有可能因为其他投资者给的条件更好而出现不履行约定的情况。投资者给出过桥贷款可以起到锁定项目的作用。

对于创业者来说，尽管签订了投资条款清单，但是交割尚未完成。投资者还需要花费 1 个月，甚至更长的时间完成尽职调查、法律文件准备等工作。这时，公司会经历一个没有资金注入的阶段。在这个阶段，如果公司有扩张市场、发展业务的好机会，很可能就会因为资金问题错失良机，这对于投资者和创业者来说都是不利的。对于公司，尤其是缺乏现金流的公司来说，在签订投资条款清单时争取过桥贷款是非常有必要的。

在确定与投资者的合作之后，创业者应该衡量一下公司的现金流和发展规划，然后考虑向投资者争取一笔过桥贷款。一般来说，过桥贷款占据投资总额的 20% ～ 40%。如果拿到了过桥贷款，创业者就可以从容、专心地发展公司，不需要为现金流和融资的事情分心太多。

6.1.3　员工期权

员工期权也叫员工持股计划。在投资条款清单中，员工期权条款通常表述为"在公司现有股东持有的股权中，另行提取投资后公司股权的××% 作为员工激励股权。"这里需要强调的是，员工期权条款是可以商量的，包括给多少股权、什么时候给股权等。

在设置员工期权条款时，创业者应当保证期权对员工具有激励作用，同时还要保证自己的股权不至于被稀释过多。一般来说，公司给员工的期权应该占据总股权的 0.25% ～ 1%，很少会出现超过 1% 的情况。

6.1.4　增资权

增资权是指投资者完成本轮投资之后，从公司那里获得增资的权利，即可以在公司下一轮融资或者一定期限内以事先约定好的价格追加投资，购买公司一定比例的股权。在投资条款清单中，增资权条款通常表述为：
"本轮融资交割之日起 × 年内，投资者有权追加投资 ××× 万元人民币或等值美元，获得 ××% 的股权。"

一般来说，增资权条款与估值有关，是投资者的一个单方面权利。增资权约定的价格通常高于本轮融资的价格，低于新一轮融资的价格。因为投资者可以在基金层面为增资权额度预留资金，方便追加投资，所以增资权在一定程度上缩减了投资者的内部决策流程。

获得增资权之后，投资者可以在不增加本轮投资金额和投资风险的前提下，根据公司未来发展情况选择是否行权。即便选择不行权，增资权对投资者也没有影响。所以，这是一个对投资者十分有利的条款。正是因为增资权单向对投资者有利，所以在融资困难时，增资权条款出现的频率较大。但是在投资者竞争好项目的情况下，增资权不太流行。

目前，使用增资权的项目占比在 18% 左右，算不上太多。在接受增资权条款时，创业者需要考虑行权时间和行权价格。行权时间越长、行权价格越高对创业者越有利。在实际操作的过程中，创业者还可以将下一轮融资的适当折扣价格定为增资权价格。

值得注意的是，因为增资权对创业者没有太明显的优势，所以拒绝增资权是比较好的选择。这样可以避免不必要的股权稀释，也不会轻易对下一轮融资造成影响。当然，如果投资者坚持要求增资权，那么创业者在权衡利弊之后还是可以妥协的。

6.1.5　赎回权

赎回权在投资条款清单中的通常表述为："如果公司未能在投资完成后的 × 年内实现上市目标或出现其他赎回情形时，投资者有权要求公司或创始人赎回其全部或部分股权。赎回价格为投资金额加上每年 ×% 的内部回报率。"

下面以链家为例对赎回权进行说明。链家在完成近 70 亿元的 B 轮融资之后，出让了 15% ～ 20% 的股权，估值为 368.5 亿元。据一位投行人士透露，当时链家启动了"5 年上市计划"，由负责资产和并购的副总裁领导。

在"5年上市计划"保障下，投资者享有赎回权。也就是说，如果链家在B轮融资交割日之后的5年内无法完成上市，投资者有权在任何时间内要求赎回股权。赎回价格为基本投资价格＋每年8%（单利）的回报。

赎回权是投资者保障自己权益的条款之一。当公司在约定期限内无法成功上市，投资者不能通过上市获得高额回报时，赎回权为投资者提供了一个稳妥的退出渠道。

与增资权不同，使用赎回权的项目占比高达80%以上。由此可见，赎回权是投资条款清单中的"常客"。对于创业者来说，赎回年限、赎回价格是最关键的谈判点。在通常情况下，将赎回年限设置为5年左右比较合理，而赎回价格的谈判空间则在8%～20%。

如果在赎回权条款中，投资者要求创业者对赎回股权承担个人连带责任，那么创业者会陷入非常被动的境地。因此，在接受赎回权条款时，创业者最好不要把个人财产列进去，以防止最坏的情况发生。

6.1.6 对赌条款

对赌条款，即创始人向投资者承诺，如果公司在规定期限内没有实现约定的经营指标或不能实现上市、挂牌、被并购等目标，或出现其他影响估值的情形时，创始人必须通过现金、股权或者股权回购等形式对投资者进行补偿。

在对赌条款中，对赌标的非常重要。一般来说，对赌标的包括财务业绩、非财务业绩、股票发行、公司行为、赎回补偿、管理层去向六种形式，如表6-1所示。

表6-1 常见的对赌标的

对赌标的	达到目标	未达到目标
财务绩效	如果公司完成一定销售额、总利润或税前利润、净利润或利润率、资产净值或几年内的复合增长率等财务性指标，则投资者按照事先约定的价格进行第二轮投资或出让一部分股权给管理层	如果收入未达到目标，则管理者应当向投资者进行现金补偿，或者以等额的公司股权向投资者进行股权补偿。同时，投资者对公司的管理控制加强，如，增加董事会席位等

对赌标的	达到目标	未达到目标
非财务绩效	如果公司能够让超过约定数量的用户购买产品并得到正面反馈，则管理层获期权；如果公司完成新的战略合作或者取得某些重要的专利，则投资者进行第二轮投资等	如果公司没有让超过约定数量的用户购买产品并得到正面反馈，则管理层没有额外期权；如果公司没有进行新的战略合作，也未取得重要的专利，则投资者不进行第二轮投资等
股票发行	如果公司成功获得其他投资，并且股价达到目标，则股东授予投资者全权处理与出售公司有关事宜的代理权终止	如果公司在约定的期限内未能成功上市，则投资者有权要求股东一致同意将公司出售，且股东委托投资者全权处理与出售公司有关的一切事宜
公司行为	如果某项特定的新技术成功产业化，则投资者转让规定数额的股权给管理层	如果公司无法在约定期限内聘任新的CEO或者管理层，则投资者在董事会获得多数席位
赎回补偿	如果公司能够按照约定回购投资者的股权，则投资者在董事会获得多数席位或者累积股息将被降低	如果公司无法按照约定回购投资者的股权，则投资者在董事会获得多数席位或累积股息将被提高
管理层去向	如果管理层实现了公司经营目标，则投资者需按照约定的条件追加一定额度的投资	如果管理层因为未实现公司经营目标或者其他约定的事由而被解雇，则会丧失未到期授予的员工股权或其他期权激励计划

下面以永继电气与东莞瓦力为例感受一下对赌条款的风险。永继电气曾经在新三板挂牌1个月后宣布，与东莞瓦力、吴建锋一起出资成立工业机器人公司——浙江瓦力智能设备有限公司（以下简称浙江瓦力）。其中，永继电气以货币出资1900万元，占股38%；东莞瓦力以固定资产和无形资产出资2600万元，占股52%；吴建锋以货币出资500万元，占股10%。

另外，永继电气还与东莞瓦力签订了对赌条款："东莞瓦力承诺，在浙江瓦力成立之日起1年内，主营业务净利润至少达到800万元。如果达不到这个目标或者永继电气对浙江瓦力的运营、管理不满意，永继电气有权要求东莞瓦力在3个月内购买其股权，股权转让款应该不低于永继电气实际出资金额的110%。"

在浙江瓦力成立还不足两年时，永继电气便宣布终止对其的投资。

永继电气方面表示，其曾经两次要求东莞瓦力对永继电气持有的浙江瓦力38%的股权进行回购，但东莞瓦力却始终没有履行义务。在这种情况下，永继电气将东莞瓦力告上法庭。

永继电气不仅要求东莞瓦力支付2090万元的股权回购款及利息9.22万元，还要求东莞瓦力支付1000万元的违约金。永继电气方面称，之所以要求这1000万元的违约金，是因为东莞瓦力和实际控制人陈道群的行为违反了之前已经约定好的对赌条款。同时，永继电气方面还指出，浙江瓦力在运营、管理上有重大疏漏，不利于自身长远发展。

我们不知道永继电气与东莞瓦力的对赌纠纷会如何收场，但通过这个案例足以见识到签订对赌条款的巨大风险。所以，无论公司经营状况如何，创业者还是要坚决避免与投资者签订对赌条款。

6.1.7　优先清算权

优先清算权是指在触发清算条款的情况下，投资者有优先清算的权利。下面对优先清算权进行详细解释。优先权清算主要分为3种，内容如图6-1所示。

图 6-1　优先清算权的3种类型

1. 不参与型

不参与型优先清算权的通用表述为："在公司清算或结束业务时，A系列优先股股东有权优先于普通股股东获得每股 × 倍于原始购买价格的回报以及宣布但尚未发放的股权。"

在不参与型优先清算权的条件下，当公司退出价值低于优先清算回报时，投资者拿走全部清算资金；当公司退出价值按投资者股份比例分配的数额高于优先清算回报时，投资者将优先股转换成普通股，跟普通股股东按比例分配；当公司退出价值介于两者之间时，投资者拿走约定的优先清算回报额。

2. 参与型

参与型优先清算权的通用表述为："A 系列优先股股东首先获得优先清算回报，剩余资产由普通股股东与 A 系列优先股股东按相当于转换后的股权比例进行分配。"

在参与型优先清算权条件下，当公司退出价值低于优先清算回报时，投资者拿走全部清算资金；超过优先清算回报部分，投资者和普通股股东按股权比例分配。

3. 附上限参与型

附上限参与型优先清算权的通用表述为："A 系列优先股股东首先获得优先清算权回报，剩余资产由普通股股东与 A 系列优先股股东按相当于转换后的股权比例进行分配；但 A 系列优先股股东一旦其获得的回报达到 × 倍于原始购买价格以及宣布但尚未发放的股权，将停止参与分配。之后，剩余的资产将由普通股股东按比例分配。"

在附上限参与型优先清算权条件下，当公司退出价值低于优先清算回报时，投资者拿走全部清算资金；当公司退出价值按投资者股份比例分配的数额高于回报上限时，投资者将优先股转换成普通股，和普通股股东按比例分配；当公司退出价值介于两者之间时，投资者先拿走优先清算回报，然后按转换后股份比例跟普通股股东分配剩余清算资金，直到获得回报上限。

优先清算权对投资者比较有利，其目的本来就是保护投资者的利益。但是如果你遇到了专业、理性的投资者，他们并不会要求过高的优先清算权。下面，我们通过数学计算看看享有优先清算权的投资者在公司发生清算时是如何分得资金的。

优先清算权 = 优先权 + 分配权。

假设投资者投资 2000 万元，占股 20%，公司可分配净资产 6000 万元，按投资款 1.5 倍优先分配，则投资者最终分配的资产总额如图 6-2 所示。

优先回报：
2000万元×1.5＝3000万元
剩余分配：
(6000万元-3000万元)×20%＝600万元
合计：3000万元+600万元＝3600万元

图6-2 投资者最终分配的资产总额

也就是说，尽管投资者占股20%，当公司发生清算时，他（她）最终分配的资产占公司可分配资产的比例为3600/6000＝60%。在硅谷，85%以上的创业者都可以说服投资者不要求优先清算权，而在我国，这是比较难的。尽管如此，我们还是可以试一试。如果实在是删除不了此条款，那我们就要谈好其中的关键点，如优先倍数。

在天使轮中，投资者的优先倍数必须往下压，否则后续融资时的优先倍数会越来越高，越来越离谱。与投资者谈时，你可以先拒绝优先清算权条款，若投资者不同意，再做出让步，但是一定要守住底线。

6.1.8　优先分红权

优先分红权指的是优先股股东享有优先于普通股股东分配投资金额一定比例股息的权利，同时享有与其他股东分配剩余股息的权利。一般来说，股东按照实缴比例分取红利，但不包括已经约定好的不按照实缴比例分取红利的部分。其实从本质上来看，优先分红权就是基于同股、同权的差异化处理。

在投资条款清单中，优先分红权条款一般表述为："公司同意派发股息、红利时，×轮优先股股东将优先于普通股股东获得投资金额不可累计的×%的年优先股息，并按照转换后的股权比例参与剩余股息的分配。"

投资者要求优先分红权的目的有两个：一是通过股息形式获得投资的红利回报，保证自己优先获得固定收益；二是限制公司分红，防止原有股东发生套现行为。这种做法可以在一定程度上确保资金用于公司发展，从根本上保证投资者获得最大化利益。

在早期投资中，投资者要求优先分红权的目的主要是第一种。当然，发展到现在，大多数投资者实际上并不很在乎年度分红，要求优先分红权的目的已经变成第二种。如果投资者要求这个条款，创业者可以试着拒绝；但如果投资者态度坚决，接受这一条款也无可厚非。

6.1.9　强制随售权

强制随售权也叫拖售权。在投资条款清单里，这一条款通常表述为："自正式投资协议签署之日起 5 年内且在公司上市前，如果有第三方愿意购买公司的全部股权，而且价格为投资者投资后公司估值的 × 倍以上，那么，合计持有 ×% 以上股权的投资者可以要求所有股东将公司全部股权转让给该第三方，而且需要在公司相关决议上商讨并签署字面合同。"

这里需要提醒创业者的是，在面对投资者时，应当表现出充分的信心，让投资者相信你有意愿、有能力把公司做好，可以给投资者带来增值回报。只有这样，在实际操作时，投资者才有可能接受你提出的强制随售权的各种限制条件。

6.1.10　董事会席位

董事会席位比较容易理解，这是投资者能否以董事身份进入董事会的决定性条款。在投资条款清单中，董事会席位通常表述为："公司的董事会由 × 名董事组成，其中，投资者有权任命 × 名董事进入董事会，Y 名董事由创始股东委派或同时兼任。包括投资者提名董事在内，董事会由 X+Y 名董事组成。"

董事会席位涉及公司控制权，创业者需要谨慎对待。一般来说，有限责任公司的董事会成员应该为 3 ～ 13 人，股份制公司的董事会成员应该为 5 ～ 19 人。为避免在决策时陷入投票僵局，创业者需要将董事会席位设置成单数，但法律也没有规定不允许是双数。

另外，董事会席位不应该过多，否则会使得日常管理中沟通的成本太高。由于后续融资会带来新的投资者，董事会席位也会逐渐增加，因此公司首轮融资后的董事会成员应该为 3 ～ 5 人。

在完成首轮融资后，创始人应该还拥有最多份额的股权，所以应该占有绝大部分的董事会席位。例如，首轮融资完成后的董事会构成可以是：两个普通股股东＋一个投资者提名董事＝三个董事会成员，或者三个普通股股东＋两个投资者提名＝五个董事会成员。

那么，我们需要给投资者多少个董事会席位呢？这个问题的核心在于保证创业团队始终占据多数董事会席位，以便在决策时拥有控制权，可以对公司运营进行控制。另外，不是投资者要求进入董事会，我们就必须答应，而是应该设置一定的限制条件，如占股 5% 以上。

6.2　识别融资协议中的"陷阱"

融资协议中有一些条款，表面上看没有什么问题，但很有可能在公司发展后期发力，给公司及创业者带来重创。面对这些"陷阱"，创业者需要做到知己知彼，见招拆招。下面来了解一下这些"致命陷阱"。

6.2.1　股权锁定条款

创始团队股权被锁定是融资协议中常见的陷阱之一，主要是指创始团队未经全部或部分特定投资者许可，不能在公司上市前转让股权。对投资者来说，股权锁定可以有效防止创始团队抛售股权出走。与股权成熟条款类似，股权锁定条款也是为了稳定住创始团队。

一般来说，这类条款的影响不会很大，因此大多数创业者都会选择接受。不过，也有一少部分创业者因接受这一条款而遭受巨大伤害，夏河便是其中一个。

夏河与陈湖是大学同学，两人毕业后一起创立了一家手游公司，全力进军手游市场。为了拿到天使轮投资，夏河与陈湖没有考虑到融资协议中股权锁定条款的影响，这就为他们后来的遭遇埋下了伏笔。

依靠巨额投资，夏河与陈湖的手游公司先后推出了多款游戏，得到市场认可。然而随着合作上的矛盾越来越多，夏河与陈湖的关系也不再亲密无间。最终，夏河递交了辞职信，决定将自己的股权转让出去，然后通过二次创业实现自己的梦想。

然而，由于融资协议中包含股权锁定条款，除非投资者同意或者公司上市，否则夏河根本不可能转让自己的股权。这家手游公司目前还处于天使轮融资状态，短时间内无法成功上市，如果等到上市以后夏河再二次创业，那就为时已晚。夏河与陈湖共同创建的手游公司始终稳定地经营着，持有股权的夏河因此被套牢。

股权锁定条款通常约定未经全部或部分特定投资者许可，创业者在公司公开发行上市前不得转让自己的股权。在上述案例中，夏河的遭遇虽然让人深感同情，但也不可否认，如果没有股权锁定条款，夏河轻易转让了自己的股权，对投资者来说会是很大的损失。

同样是股权转让被限制，王兵与夏河的遭遇截然不同。王兵是广州一家股份有限公司的创始股东，在股权限售期内卖出了自己持有的全部股权。

以下是广州某股份有限公司在 2020 年 12 月 15 日发布的《关于股东签署附生效条件的股权转让协议的公告》的主要内容：

"公司于近期得知，广州某股份有限公司创始股东王先生，因个人创业需求资金，于 2020 年经过与张女士多次协商，欲将其持有的 1000 万股转让予对方，每股价格为 5.25 元。

由于该股处于限售期内，双方签署了附期限生效条件转让合同，张女士以借款名义向王先生提供 500 万元，作为转让款的一部分，同时双方签署股权质押合同，王先生持有的全部股权质押在张女士名下，并在中登办理了股权质押手续。王先生近期辞去监事职务，按照相关法律规定，其持有的股权需半年后方可解除限售。"

股权锁定条款虽然会对创业者产生影响，如无法随意转让股权等，但是创业者也可以像第二个案例中的王兵那样与投资者或其他股东协商沟通，让他们购买自己的股权。投资者为了保护自己的利益很可能会提出这个条款，创业者可以根据公司的实际情况决定是否接受投资者的要求。

6.2.2 危害极大的会签条款

会签条款是指当创业者花费的资金大于一定比例时，就必须由双方共同会签，融资协议才能生效。对于创业者来说，会签条款有百害而无一利，必须要提高警惕。不过，会签条款通常十分隐蔽，创业者如果不仔细查看，很可能无法发现，最终造成难以挽回的损失。而且，即使创业者注意到了，投资者也会以财务流程把控为由搪塞过去。

投资者需要知道资金的具体流向，这个理由看上去非常充分，实际上会束缚创业者。如果投资者与创业者出现不同意见，虽然在董事会上创业者有较大的话语权，却不能随意动用资金。例如，2020 年 11 月，某电商公司获得了 2000 万美元的资金，在花费 450 万美元以后，创业者与投资者产生了严重的分歧。

在召开董事会时，虽然股东们同意创业者的项目方向，但因为融资协议中有会签条款，所以投资者有不签的权利。这也就意味着，在具体的资金使用上，投资者占有绝对主导地位。最后，这家电商公司虽然成功融资 2000 万美元，但实际上只花费了 450 万美元便遭到了投资者撤资。

由此可见，创业者在与投资者签订融资协议时，一定要警惕会签条款，一旦发现"资金大于一定比例""花费过多"等字样，必须认真阅读，精准判断。

6.2.3 财产担保条款

最近，某公司创始人张勇因为融资协议问题而感到非常苦恼，具体情况是这样的：

张勇获得了 8000 万美元的投资，但投资者要求在融资协议中加入财产担保条款，即创始人及其直系家庭成员以个人名义和财产为此次融资做担保。张勇不知道这样的条款是否合理，所以一直没有签署融资协议，投资者的资金也就迟迟没有到账。

实际上，对于张勇这样缺少经验的创业者来说，财产担保条款是一个大坑，稍有不慎就会掉进去。在初期阶段，公司面临的风险非常大，一旦经营不善，投资者的资金就打了水漂，但如果有财产担保条款，投资者便可以向创业者索要赔偿，以弥补自己的损失。

如果公司倒闭，创业者的所有辛苦和努力都会化为泡影，再加上投资者那边的债务，创业者很可能吃不消。因此，对于财产担保条款，应该是能避免就避免，这才是理智而正确的行为。当然，并不是所有的投资者都会要求财产担保条款，但即使如此，创业者还是要提高警惕，不要让自己陷入不好的境地。

总而言之，在成功获得融资以后，创业者完全可以聘请一位专业且经验丰富的律师，帮助自己发现融资协议中不合适的条款。年轻的创业者尤其要注意这一点，不要因为怕花钱而引发更严重的后果，这样就得不偿失了。

6.2.4　某融资协议纠纷案件解读

2020 年 11 月，北京市海淀区人民法院（以下简称海淀法院）对斐达公司（化名）与觅度公司（化名）的融资协议纠纷一案进行公开宣判，最终确认涉案融资协议真实有效。

2020 年 1 月，斐达公司与觅度公司签订委托融资服务协议，（以下简称融资协议）觅度公司委托斐达公司在其运营的平台上融资 100 万元（觅度公司拿出 40 万元，其他融资 60 万元），用于开设分公司，扩展市场规模。

融资协议签订以后，觅度公司按照规定向斐达公司支付 40 万元，并进行了项目选址、核对条款等工作，而斐达公司也在规定期限内成功筹集到 100 万元资金。之后，斐达公司认为觅度公司提供的房屋是楼房而非规定的平房，而且没有拿出产权证，所以拒绝承认融资协议，也不愿拿出已经筹集的 50 万元。双方产生分歧，多次协商未果。

2020 年 4 月，斐达公司收到觅度公司的融资协议解除通知书，要求其返还觅度公司已经支付的 40 万元并赔偿损失 5 万元。同月，斐达公司也向觅度公司发送融资协议解除通知书，要求其支付违约金 4 万元并赔偿损失 10 万元。

2020年8月，海淀法院公开审理了此案，结果是，该案所涉交易不属于"公开发行证券"，未违反《中华人民共和国证券法》第十条的规定，融资协议真实有效。

双方当事人之间主要是居间协议关系，斐达公司解除融资协议具有相应依据，觅度公司应该就融资协议的不能履行承担主要责任。因此，觅度公司应该支付斐达公司违约金4万元以及损失10万元。

本案的判决书评述了众筹行业中应该注意的问题，对众筹行业发展有指导性意义。本案争议的焦点有两个：一是融资协议主体之间的法律关系应该如何界定；二是双方当事人是否存在违约行为，若存在，应承担何种违约责任。

针对第一项争议，由于委托融资只是双方当事人整体交易中的一部分，除了筹集资金等服务，斐达公司还提供了信息审核、风险防控、交易过程监督等服务，服务的核心是促成交易。因此，双方当事人之间的法律关系主要系居间协议关系。

针对第二项争议，本案融资协议不能继续履行的原因是交易各方对经营用房的样态等问题产生了分歧。觅度公司在明确承诺其提供的重要信息真实、准确、完整的情况下，被斐达公司发现信息披露不实，导致交易各方失去对彼此的信任。因此，斐达公司依据相关规定解除融资协议，具有相应依据。

在对本案融资协议履行的全部过程进行梳理后，法院认为觅度公司应该就融资协议的不能履行承担更大责任，因此，判觅度公司向斐达公司支付违约金以及损失。

第 7 章
投资者的退出处理

为了促进资本的良性循环流动，实现资本增值，大部分投资者并不会只为一个公司投资，他们会选择在适当的时机从公司脱身而出，再去为其他公司投资。所以，在投资之前，投资者需要了解自己如何从公司退出，这时，创业者就应该将一份科学合理的退出机制呈现在他们面前。一般来说，投资者只有在看到自己心仪的退出通道以后，才有可能为公司投资。

7.1 给投资者提供退出通道

好聚好散是创业者和投资者都希望看到的局面。虽然大家都为公司做出了贡献，付出了努力，但是在公司发展壮大的过程中，由于各种原因，还是会出现中途退出的情况。为投资者提供合适的退出通道，有利于公司顺利度过转折期，迎来新一轮发展。

比较常用的退出通道有四个，分别是公开发行股票并上市、兼并收购、股权回购、公司清算。这四个退出通道各有利弊，在选择时需要考虑公司的实际情况。例如，实力强大的公司就可以选择以公开发行股票并上市的方式让投资者退出。

7.1.1 公开发行股票并上市

对于投资者来说，通过公开发行股票并上市的方式实现退出，是最理想的状态。但是这一退出通道也有相应的缺点。例如，上市门槛较高，需要有良好的效益和大量的资金积累，一些公司可能无法做到。鉴于此种情形，投资者必须有足够的耐心，等待公司成功上市的那一天。

在杠杆机制的影响下，投资者抛售其持有的股票，往往能够获得丰厚的收益。要想让投资者相信后期可以有更高的退出回报，公司需要注意两个方面的因素：一方面，发行的股票要增值，有足够的上涨空间，能够吸引到足够多的股民；另一方面，要诚信经营，有良好的经营业绩，获得资本市场的高度认可。

为了给投资者一个更好的退出通道，很多公司选择了借壳上市的模式，以获得上市资格。借壳上市指的是，非上市公司收购业绩较差、筹资能力逐渐弱化的上市公司，并注入自己的资产，最终实现间接上市的一种上市手段。

相对于比较普通的模式来说，借壳上市的审批流程会大大减少。有些时候，在半年内，公司所有状况就能被审核完毕，并成功借壳上市。同时，借壳上市的成本也会更低，能够帮助公司节省很大一笔律师费用，也无须公开公司内部的各项经营指标。

这种模式好处众多，很多公司选择借壳上市，但如此一来，又会导致资本市场出现混乱，借壳资源的价格日益上涨。因此，公司还是要专心发展业务，通过研发用户喜爱的产品来加强自身经济实力。

总的来说，公开发行股票并上市是投资者最理想的退出通道，可以实现退出回报最大化。公司上市之后，股票可以在证券交易所自由交易，股东只需要卖出股票即可。然而，这一退出通道虽然很好，但是对公司资质要求高，手续烦琐，成本也比较高。

此外，大部分公司都不会向投资者保证一定能公开发行股票并上市，但是有些投资者在看准项目之后还是愿意赌一把。在这个过程中，投资者需要耐心等待，同时公司也要遵守相关法规，根据自身发展情况，谨慎选择借壳上市这种模式。

7.1.2 兼并收购

兼并收购通常简称为并购，主要是指大型公司或者上市公司通过购买其他公司的部分或者全部股权和资产，从而控制其他公司。在并购过程中，原有投资者的股权会被稀释，他们可以选择继续持有股权，也可以选择直接退出。

在描述这种退出通道时，我们可以向投资者展示几家业内有可能对公司感兴趣并有可能采取并购行动的大型集团或上市公司。投资者通过并购方式退出不受上市条件限制，具有复杂性低、花费时间少的优势。并购比较适合创业公司稳步发展但是达不到上市条件，也不想经过漫长等待期，而投资者急于退出的情况。对于被收购的公司来说，因为可以共享对方公司的资源与渠道，所以有利于提升自身运转效率。

不过，与前文提到的公开发行股票并上市相比，并购的收益率要更低，而且被收购的公司很难保证自主权。同时，被收购的公司也要面临着估值、价格谈判等方面挑战。

根据 IDC 提供的数据可知，近几年，在数量上，并购退出案例已经超过公开发行股票并上市退出案例。可见，并购退出的地位正在不断突显。同时，随着行业的逐渐成熟，并购也已经成为整合行业资源的有效方式。

7.1.3　股权回购

股权回购是指，投资者可以通过股东或者管理层回购股权的方式退出。回购价格的计算方式有以下两种。

（1）按照投资者持有的股权比例计算。具体数值为待回购股权对应的投资款加上投资者完成增资义务之日起每年以复利率 8% 计算的投资回报，再加上每年累积的、应向投资者支付但未支付的所有未分配利润（其中不满 1 年的红利按照当年红利的相应部分计算金额）。

（2）由投资者和代表公司 50% 投票权的股东共同认可的独立第三方评估机构决定回购价格，这个回购价格一定要符合市场标准。此外，如果双方经过协商，获得了投资者的认可，那么回购价格还可以根据红利派发、资本重组和其他类似情况进行相应调整。

作为投资者的退出通道，股权回购的本质其实也是一种股权转让，只是与股权转让的主体不一样。如果公司发展潜力好，股东或者管理层有信心通过回购股权对公司实现更好的管理和控制，那就可以从投资者手里回购股权，这种回购属于积极回购；如果公司发展不顺利，触发回购条款，投资者主动要求股东或者管理层回购股权，那么对公司来说是消极回购。

通常来说，股权回购是一个并不理想的退出通道，它只是保证了当公司发展不好时，投资者所投资金可以安全拿回。早在最初分配股权时，我们就应该对后期的退出机制进行明确。公司在发展过程中会遇到核心人员的变动，例如已经持有股权的投资者中途退出。面对这样的情况，我们应该利用股权回购这一手段有效降低投资者退出带给公司的影响。

股权回购的方式，应该与投资者提前约定。如此一来，在投资者退出之后，公司就可以按照当时的估值对投资者手里的股权进行回购，回购价格可以按照当时的估值进行适当溢价。最后需要注意的是，为了防止投资者中途退出公司却不同意公司回购股权，我们可以在股东协议中设定高额的违约金条款。

7.1.4　公司清算

如果项目失败，投资者往往会采用清算的方式退出，以尽可能多地收回剩余资本。清算是公司倒闭前的止损措施，但并不是所有倒闭公司都会进行清算。因为申请破产并清算是有成本的，而且还需要经过复杂的法律程序。

虽然项目经营失败，但没有其他债务或者只有少量债务，并且债权人不予追究，那么投资者和公司往往不会申请破产并清算，而是会采用其他方法继续经营，并通过协商等方式决定公司剩余资本的分配。

一般来说，投资者会通过投资协议条款中的优先清算权来确保公司发生清算时自己的利益不受损失。关于优先清算权，可以参考上文叙述。通过清算方式退出公司往往是"不得已而为之"，虽然可以收回部分投资，但意味着项目已经亏损，资金收益率为负数。

7.1.5　腾讯投资50个游戏项目

如今，腾讯已经成为当之无愧的互联网巨头，并且凭借自身犀利的"眼光"在游戏项目投资中获得了巨额利润。早在2014年在世界移动游戏大会的投融资分论坛上，腾讯方面表示，其已经投资了50个游戏项目，退出市值突破 70 亿元。

在游戏项目刚刚开始爆发的时候，大家都在讨论这是不可逆转的未来趋势，还是"虚假繁荣"下的泡沫。而腾讯则独树一帜，积极在游戏领域布局。当然，也正是因为这份果断和勇敢，它才可以迎来现在丰厚的回报。

腾讯投资的 50 个游戏项目覆盖多个国家和地区，而且从天使轮到上市阶段都有涉及。在退出时，这些游戏项目的综合市值已经超过了 70 亿元。其中，游戏谷、爱乐游、苏摩科技等更是为腾讯创造了巨大价值。此外，腾讯投资的乐逗游戏在很早之前就已经成功上市。

对于游戏项目，尤其是手机游戏项目，腾讯的投资经验十分丰富，完全不逊色于涉及相关投资的专业投资机构。从资金上看，腾讯投资的 50 个游戏项目跨度非常大，最低在 500 万元左右，最高则达到了大约 40 亿元。

腾讯在游戏项目上的投资可谓十分全面、细致。为了巩固这样的成绩，腾讯正在加快游戏项目的全球化投资——主要以优秀的海外研发商、发行商为对象，为其提供力所能及的资金与资源扶持。可见，投资游戏项目俨然已经成为腾讯的主业。

🖳 7.2　如何预防投资者退出

本来已经签订了投资协议，但是投资者要求中途退出，这无疑会给创业者造成极大的困扰。面对这种情况，创业者应该如何处理？是极力挽留，还是忍痛分离？这需要创业者提前设立好退出机制并落实在协议上。

与此同时，创业者也需要接触其他新的投资者，尽早寻找下一轮融资。如果这样还不放心的话，那么创业者就应该与投资者保持紧密联系，把你们之间的误会消除。当然，为投资者发放公司的限制性股权也是一个非常不错的办法。

7.2.1 设立好退出机制并落实在协议上

投资是一个循环往复的过程，即投资—退出—再投资。退出是投资的最后一步，当公司发展到一定程度，投资者就会开始考虑退出，这是变现或者及时止损的好方法。退出不仅关系到投资者的收益，更体现了资本流动的特点。因此，设立合理的退出机制尤为重要。

退出机制是对投资者在什么情况下才可以退出公司的规定。一般来说，不存在不可以退出的投资，只有条件是否合适的问题。在设立退出机制时，创业者需要充分考虑公司和投资者利益，不能出现偏向一头的情况。此外，为了防止出现误会，创业者还应该把退出机制落实在协议上。我们可以来看一个案例，具体内容如下：

投资者不需要长期持有公司股权，而是可以在满足条件的情况下，按照自己的意愿适时退出，拿到自己应该获得的利益。总之，我们一直以实现投资者资本增值的最大化为宗旨。经过董事会认真讨论，公司为投资者准备了三种退出方式。

第一种退出方式：股权转让

投资者在公司的持股时间至少在两年以上，如果满足了这个条件，则可以通过转让股权的方式成功退出。在退出时，投资者要严格按照国家的法律法规执行，如果希望提前退出，需要与公司进行协商，由双方共同解决。

第二种退出方式：第三方收购

为了最大限度地保证投资者利益，公司可以考虑通过第三方收购的方式来使投资者成功退出。不过，除非公司的资金无法支撑日常管理和运营，或者公司违反了投资协议，否则就不可以使用这个退出方式。

第三种退出方式：债务、股权重组

在资金到账 3 个月之后，投资者有进行债务或股权重组的权利，但是在从公司退出之前，重组次数不能超过两次。公司也有负债率方面的管理机制和对财务的控制，负债率不能高于总资产的 35%，所以，在这方面，股权必须一直处于主要地位。

上述退出机制为每一种退出方式都设计了相应的条件。例如，股权转让中的条件是持股时间必须在两年以上，这是对公司利益的保障。后面又有"如果希望提前退出，需要与公司进行协商，由双方共同解决"的规定，这是从投资者利益出发设计的条件。

可见，在设立退出机制时，创业者需要做到双方利益的平衡。案例中的退出机制是比较科学、合理的，在设立自己公司的退出机制时可以借鉴。但是我们不能照搬照抄，完全复制，而首先要考虑自己公司的实际情况。

7.2.2　尽早寻找下一轮融资

对于公司来说，融资是保证现金流稳定以及持续运营的重要支撑。在市场竞争日益激烈的情况下，一些公司缺乏合理的财务分配，变现渠道还不完善，甚至难以实现盈亏平衡。这些公司一旦资金链断裂，缺乏现金流，再加上投资者退出，很可能会面临倒闭的风险。

因此，对于创业者来说，融资是一件永远不能放下的事情。即使你昨天刚刚进行了一轮融资，考虑到投资者可能会退出，以及下一轮融资还需要一段时间的接洽和磨合，你也应该未雨绸缪，开始考虑之后的融资计划。

一般来说，当公司资金只能支撑 18 个月时，或者投资者有了退出苗头，新的融资计划就应该制订出来，以便及时启动下一轮融资。然后，我们就可以着手对接新的投资者了。当然，如果你在创立公司时，就已经认识了多名投资者，并且制订了详细的融资计划，明确了当公司运营状况达到某一层级时，应该启动哪一轮融资，那就再好不过了。

这样可以保证在投资者退出时，不会因为融资无门而对公司经营和管理造成一定程度的负面影响。如果发现投资者有了退出的想法，我们还可以与其进行深入交流，让其推荐新的投资者，以便拓展人脉，积累更多资源。

7.2.3 与投资者保持紧密联系

当投资者有了退出的念头时，我们需要找到一种礼貌的方式不断与其联系。如果有条件，见面次数越多越好，这样会降低投资者离开的可能性。有的创业者认为，投资者一旦想要退出，就无法挽回，其实并不是这样。要是你经常联系投资者，给他（她）讲公司的新成绩和项目的新发展，那么他（她）很可能会被重新吸引，从而打消退出的念头。

在联系投资者的过程中，我们应该注意分寸感，即让持续的联系与不便的打扰之间保持一种微妙的平衡，否则会适得其反。分寸感是人与人之间相处的艺术，我们应该在生活中锻炼自己的这种能力，以便在与投资者交谈时取得更好的效果。

此外，除了与已经入驻的投资者保持联系，我们也应该与潜在投资者密切接触。在一轮融资中，接触的投资者甚至可以达到几十个。因此，我们可以列一张投资者清单，包括有经济实力的朋友、同行创始人、同职业之人等。如果之前的投资者真的决定离开，那么这张"新鲜"的投资者清单就可以发挥作用，帮助公司弥补资金亏空。

通过初步接触和之后的联系，我们可以知道哪个投资者更专业。有了大致的判断以后，我们可以快速收拢，从中筛选出 3～5 个有真正投资意向的投资者进行深入沟通。在投资者真正确定投资之前，我们一刻都不能放松。

在与投资者保持联系方面，张峰的做法非常值得学习。张峰是上海交通大学的毕业生，自己开办了一家公司。为了减少投资者突然退出造成的损失，进一步扩展人脉，他常常利用业余时间参加聚会。在聚会上，张峰遇到合适的投资者就会添加其联系方式，之后还会定期联系，了解投资者的偏好和兴趣。

因此，在寻找 B 轮融资时，张峰仅凭借自己的人脉便筹集到了 500 万元资金。在这种情况下，即使之前的投资者要退出，也不会对张峰及其公司造成太大的影响。

对于创业者来说，与之前的投资者保持联系、接触新的投资者都十分必要。为了应对可能出现的各种突发情况，例如投资者中途撤资、新的投资者改变投资决策等，创业者需要做好充分准备，为自己多制定几套方案。

7.2.4　发放公司的限制性股权

公司无论是否上市，都可以发放限制性股权，以此来对投资者形成一定约束，保证公司的正常经营。如果公司最开始时规模较小，原始资金也很少，那么经过一段时间的发展，其资产会大幅提升。这时如果有投资者想退出，则会对公司带来不利影响。

例如，某公司的原始资金是100万元，2年后，该公司的资金达到了上千万元。其中某个创始人的股权比例为10%，在看到公司盈利后，他为了快速套现，不顾及大局，强行退出，拿着上百万元的收益离开了。随后，其他的一些投资者也想尽早赚钱，于是纷纷退出公司，对公司发展造成了严重影响。

为了避免上述情况，我们可以采取限制性股权方案，直接去工商局办理限制性股权登记。当投资者要求退出时，利用限制性股权方案，按照事先约定的价格对其股权进行回购。

公司利用限制性股权方案，让投资者分期兑现自己的股权，可以保证经营和管理的稳定，也可以促进相关业务的顺利开展。一般来说，分期兑现股权的期限应该是4年。在具体操作时，可以采取以下3种方式，如图7-1所示。

图 7-1　分期兑现股权的三种方式

（1）4年分期，每年兑现1/4。这种方式比较容易理解，例如，某投资者有10%的股权，那么就意味着每年可以兑现2.5%的股权，4年可以全部兑现完毕。

（2）分期兑现，逐年增加。例如，第一年，公司为投资者兑现 10% 的股权；第二年兑现 20% 的股权；第三年兑现 30% 的股权，最后一年兑现 40% 的股权。总之，投资时间越长，公司兑现的股权比例越大。

（3）第一年兑现 1/4，其余按月兑现。例如，第一年，公司为投资者兑现 1/4 的股权，剩下的股权会在未来 3 年内以月的形式兑现，每个月兑现 1/48。这种方式要求投资者必须投资满一年，之后才能每个月都获得股权红利。

无论采取上述哪一种方式，都必须结合公司自身发展状况。为了保证公平，我们可以采用 4 年分期，每年兑现 1/4 的方式；为了保证公司稳步发展，我们也可以采用分期兑现，逐年增加的方式。总之，只有适合公司的方式，才是最好的方式。

7.3 投资者要求退出怎么办

如果创业者做出了很多努力依然没能扭转局面，投资者还是坚持要退出，那么还可以采取一些补救措施。例如，第一时间与投资者进行细致深入的交流、审视公司现状、明确违约责任等。

当然，要是经过审慎评估，发现公司真的没有经营下去的必要，或者很难获得下一轮融资，那么选择清算也是一个不错的办法。正所谓"从哪里跌倒，就从哪里爬起"，这个公司倒闭了，我们还可以养精蓄锐，创办下一个公司。

7.3.1 合约未到期退出解决方案

投资者在合约未到期的情况下要求退出，应该如何应对？这是创业者必须认真考虑的问题。投资者之所以会投资，大多是看好公司的发展形势，然而当公司发展形势不明朗时，投资者通常会及时止损，提出退出申请。显然，在公司发展困难期，投资者的退出无疑会让公司雪上加霜。所以为保证公司还可以继续发展，创业者必须建立一套完善可行的退出方案。

一些创业者因为与投资者关系亲近，在公司成立初期为了不伤害感情，对股权分配问题只进行了口头约定。到了后期公司出现亏损时，分歧就会慢慢出现，严重者很可能给公司带来致命性打击。因此，在正式投资之前，创业者与投资者之间要就退出情况、转让股权情况以及退出后如何分配利润等问题制定协议，这样才称得上成熟的合作。

公司想要平稳渡过低谷期，在建立退出方案时就要规定资金占股与人力占股。资金占股与人力占股的比例可以根据公司具体情况决定。一般是资金股占比较小，人力股占比较大，这样可以保证公司处于低谷期时投资者不会带走太多股权。

不过，很少有公司会一直处于亏损状态。根据政策和市场的变化发展，公司会亏损，自然也会盈利。当公司盈利时，如果投资者因为自身原因要在合约期内退出，那就只能选择转让股权、请公司回购股权、诉讼解散公司等方式。

在这种情况下，公司的退出方案应该主要考虑价格。无论是转让股权，还是回购股权，价格都不能偏低或偏高。另外，公司还应该做出相应的规定以维护自己的利益。

（1）当某个股东把持公司，导致投资者正常权益受限时，投资者可以申请退出公司，但在退出之前必须清算投资者权益。

（2）当投资者与其他股东发生不可调和的矛盾，无法继续经营公司时，该投资者可以申请退出公司，其股权由其他股东收购。

（3）投资者在退出之前应该告知公司债权人，若债权人不同意投资者退出，公司需要清偿债权人的债务，然后继续开展退出工作。

公司想要在没有争议的情况下解决投资者在合约期内退出的问题，就要制定双向的约束。公司要秉持公平态度，在投资者可以申请退出的情况下承认其对公司的贡献，用合理价格回购其股权。但投资者也不能利用退出的方式，逃避自己应尽的责任与义务。

7.3.2 第一时间进行细致深入的交流

当创业者不清楚投资者为什么要求退出时，可以在第一时间与其进行细致深入的交流。如果投资者对项目和公司有不了解的地方，或者是在某些方面产生了误会，那么创业者必须立刻做出解释。如果不是这样，创业者也可以在与投资者交流的过程中发现一些潜在的问题。

通常来说，在决定退出之前，投资者会主动与创业者进行交流。此时，创业者应该认真思考一下，是不是你们之前的交流太少，或者大多数交流都没有意义？要果真如此，那么创业者就需要加强与投资者的联系。

例如，遵循透明化原则向投资者分享一些消息，尤其是好消息。像财务状况、外部团队来寻求合作、研发出新产品、招揽了高素质人才这类消息都可以向投资者通报。这样做不仅是为了挽回想退出的投资者，更是对投资者的尊重和重视。

另外，认可投资者的决策权在融资时也非常关键。作为股东，投资者在行使自己应有的决策权时，创业者不应该过多干预，而是要给予一定的认可。如果投资者的决策权被削弱甚至剥夺，那么他（她）很可能不会轻易改变退出公司的决定。

在交流过程中，投资者可能会提出一些建议，对于这些建议，创业者需要逐项记录并适时给出回应。但是考虑到项目和公司的实际情况，对于那些不便采纳的建议要给予合理的解释。这样就不会造成双方关系上的尴尬，否则投资者会认为自己"热脸贴上了冷屁股"，从而更加坚定离开的想法。

总之，进行细致深入的交流主要是为了让投资者感受到尊重，从而提升他（她）对项目的热情。在这种情况下，即使投资者因为某些原因而不得不退出，那么他（她）也会把创业者当成朋友，并在其困难时提供力所能及的帮助，例如介绍新的投资者。

7.3.3 审视公司现状，明确违约责任

投资者一旦提出了退出的要求，肯定是哪里出现了问题。此时，我们应该尽快审视公司现状。最关键的就是核查公司现金流，并做好财务预算。很多创业者都认为公司现金流太多，做财务预算会花费大量时间和精力，甚至很可能会因此而耽误了挽回投资者的最佳时机。实际上，

这样的想法并不正确。

如果没有充足的现金流和周密的财务预算，那么当投资者退出时，创业者将面临极大的危机。因此，创业者应该进行现金流和财务的评估，并借此来判断投资者退出的原因，以及决定公司是否还有经营下去的必要。

一般来说，如果投资者不是故意耍着你玩，那么他（她）退出的原因应该有两种：一是自己的公司发生变故，急需资金；二是对公司现状不满，不看好公司的未来发展，想要寻找更好的项目。在遇到后一种情况时，如果公司经营不善，那么投资者所遭受的损失将会进一步扩大。

对此，我们也不需要过于恐慌，因为投资者不能在对公司事务造成不利影响的情况下退出，否则就需要给公司一定的赔偿。为了防止出现不负责任的投资者，我们可以进行一些技术处理，例如明确好违约责任，加大其退出的成本和代价。

下面以秦飞、陆兵、章海俊的经历为例，对明确违约责任的重要性进行说明。

秦飞、陆兵、章海俊一起创办了一家少儿美术教育机构。经过两年奋斗，该机构获得了很好的口碑，规模逐渐扩大。然而，在事业发展高峰期，团队内部却发生了矛盾，而且愈演愈烈。

章海俊占有25%的股权，也是该机构在市场营销方面的主要负责人。他认为，机构之所以有良好的业绩主要是他的功劳，然而在分红的时候他却拿的最少，这非常不公平。因此他决定离开机构，自己单干。

在退出时，他对其他两个人说："我要离开机构，但是我仍然要保留自己的股权。因为之前在制定章程时，并没有要求退出的创始人归还股权。"对于章海俊的做法，秦飞和陆兵自然非常不满。秦飞说："之前确实没有相关的章程，但是你这样中途退出，不为团队做贡献，却想要拿较高的收益，于情于理也讲不通。为了机构的长远发展，我们俩决定出资将你手中的股权收回。"

但是章海俊执意不肯把自己的股权卖出。

就这样，他们三人之间的矛盾越来越激化。章海俊虽没有退出，但在业务上却不再用心,机构的生意也逐渐惨淡,最终由于内耗严重而散伙。

这个案例表明了提前明确违约责任,设置高额违约金的重要性。如果当初他们三人在签订协议时能够考虑全面,认识到中途退出的问题,并提前设置好相关条款,就不会出现散伙的情况。当然,章海俊也不能侵占股权,甚至还要为自己的违约承担责任。

最后其实我想说,如果投资者是因为公司发生了重大问题或者没有发展前景才选择退出,并且创业者也有同样的感受,那么就应该认真考虑是否还有继续下去的必要。假设投资者退出之后,公司很难拿到下一轮融资,那么就可以选择清算。

这种直截了当、干净利落的收尾会让投资者对公司和创业者有好印象,从而为下次创业奠定良好的基础。

在避免投资者退出方面,进行深入交流、审视公司现状、明确违约责任是重中之重,也是创业者必须认真对待的问题。

中篇　动态股权

第 8 章
动态股权分配：解决不公平的矛盾

静态股权分配主要是以资金为依据，即投多少钱占据多少股权。这其中存在的问题是，初期投得多的投资者，不一定会在公司后期发展中做出较大贡献，而初期投得少的投资者，也不一定就不会在公司后期发展中做出较大贡献。

如果投资者只是投了较多的资金，占据了公司大部分股权，他并未对公司发展起到任何作用，但还是凭借自己的股权获得了丰厚的利润，那么，这很可能会引起其他投资者的不满。所以，静态股权分配已经不太适用，动态股权分配应运而生，并获得了广泛关注。

8.1　事先分配的矛盾

为了让股东和投资者更放心，很多公司都会事先分配好股权，其实这样的做法并不妥当。第一，如果把大部分股权都分配给之后贡献较小的一方，使其享有较大回报，那么其他股东和投资者就会有不满情绪；第二，贡献较大却没有得到相应回报的一方可能会提出重新谈判或另起炉灶，从而对公司发展和员工心理产生不良影响。

8.1.1　一方贡献较小，享有较大回报

刘伟和赵建华是大学同学，毕业后决定一起成立一家专营游戏业务的公司。他们在地下室里进行头脑风暴，几乎每天都能冒出不计其数的想法，而且一个想法比一个想法好，这为公司发展奠定了坚实的基础。

从商业概念到核心价值，再到以更好的方式做成本账，无论什么问题，刘伟和赵建华都能达成一致。由于相处非常和谐，所以他们提前就把股权分配好了，即每人占据公司 50% 的股权。直到几个月之后，当两人决定投入全部积蓄，全职创业时，第一次争执发生了，这次争执几乎搞砸

了他们的公司。

因为每人占据公司 50% 的股权，所以盈利也是平均分配。不过，自从开始全职创业，刘伟就不再管公司的事务，所有工作几乎都是由赵建华负责。到了年底，赵建华看到刘伟拿到了和自己一样多的钱，感到非常不开心，认为这有失公平。

确实，刘伟和赵建华为公司所做的贡献是不同的，但获得的回报却是相同的。对于付出更多努力的赵建华来说，这并不公平。在公司还没有正式运营，或者发展尚未成熟时，每个人的贡献似乎无法衡量。这时，如果急于进行股权分配，那就会像刘伟和赵建华这样发生争执，最终对公司和项目造成极大的不良影响。

随着公司的不断壮大，有了盈利以后，经济效益的重要性开始体现出来。这时，矛盾也会暴露出来：一方面，做出更多贡献的创业者会觉得自己吃了亏，极力想要改变现状；另一方面，出了资金但对公司事务不太上心的创业者又希望按照股权获得相应的回报。

实际上，这些矛盾的根源就在于对股权进行了事先分配，而且没有配套的动态调整措施。一般来说，股权分配首先考虑的因素是出资。如果投资者优势相当，那么就可以按照出资情况分配股权。不过需要注意的是，在实际操作过程中，由于不同投资者的贡献或者价值不同，因此需要留出对股权进行调整的空间。

例如，旅游领域的创业者 A 和互联网领域的技术高手 B 准备做一个 O2O（Online To Offline，线上到线下）项目，两人各自出资 100 万元。但是因为创业者 A 比较外向，更具有领导能力和意愿，而技术高手 B 偏技术实干，所以其股权分配方案如表 8-1 所示。

表 8-1　创业者 A 和技术高手 B 的股权分配方案

主　体	名义股权比例	实际持有股权比例	预　留　股　权
创业者 A	70%	40%	15% 预留给后进入的投资者或者股东之间的股权调整；15% 为期权池大小，用作员工激励。
技术高手 B	30%	30%	0

出资在一定程度上决定了股权分配的大体架构，但是还需要根据形势变化进行调整。因为在技术型、互联网型公司中，创意或者执行力都是比资金更重要的"武器"。

A、B、C三人创业，A出资10万元，负责公司的整体运营；B出资10万元，负责产品的研发与维护；C出资80万元，不参与公司运营。如果按照出资计算，A、B应该各占据10%的股权，而C则占据80%的股权。这样的股权分配方案显然是不太合理的。

第一，C不参与公司运营，但是却掌握着主要决策权，这样很难促进公司的良好发展；第二，A、B全心全意把公司做大，为公司做出了巨大贡献，但是却获得了比C少得多的回报，久而久之，两人就会有不满情绪，并很可能产生离开公司的想法。

总之，如果想要事先分配股权，那么可以参考出资情况，但是不能将其作为决定要素。有时，相比于出资，贡献、资源、能力、经验等要素可能更加重要。开始时，我们可以预留一部分股权，等到公司稳定下来，再根据实际情况将这部分股权分配出去。

8.1.2　后期一方贡献大，提出重新谈判或另起炉灶

在公司中，大家各有所长。为了使创业团队的力量得到充分发挥，每位成员都必须获得与自己的贡献相匹配的股权。很多时候，公司的一切运营都要依靠"人"来完成，如果创业团队不给力，缺乏激情，即使创业者掌握100%的股权和绝对的决策权，也没有任何价值和意义。

在为创业团队分配股权时，必须把握好时机，不可以操之过急。如果事先将股权全部分配出去，那么当出现一方贡献非常大，另一方没有太多贡献的情况时，前者很可能会提出重新谈判或者直接"另起炉灶"。对于公司和创业团队来说，这并不是一个好的结果。

那么，投资者对公司的贡献应该如何衡量呢？方法有很多。例如，经营智慧、专业技能、领导能力、市场开拓能力、对事业的热情度等都是可以考虑的因素。在具体操作时，创业者既需要擦亮双眼，根据各个投资者的实际贡献分配相应股权，又要结合市场估值，做出合理判断。

这样做的最终目的是，让各个投资者能够分享到自己为公司所创造的财富，觉得自己有价值，从而有积极性继续发光发热，为公司带来更多效益。

当投资者觉得自己获得的回报与做出的贡献不相符时，很可能会离开公司，从而对公司正常经营造成严重影响。下面来看一个案例。

2020年，张庚、李瑶在杭州合伙开了一家网上商城，二人分别出资60万元和30万元，占据60%和30%的股权。

后来，他们认识了一个新朋友，名叫孟子义。因为孟子义有丰富的工作经验，特别是有优秀的网页设计才能和与客户沟通的才能，所以张庚、李瑶希望他以合伙人身份加入进来，并获得剩余10%的股权。

实践证明，张庚、李瑶的决策是正确的。仅仅经过1年发展，他们的网上商城就做出了很大成绩。无论是产品质量、买家评价还是信誉指数等方面，他们的网上商城都有非常好的表现，也因此获得了广泛的支持和关注，而这些都离不开孟子义的努力。

虽然孟子义的贡献非常大，但是他依旧只有10%的股权，比张庚、李瑶低很多。而且他也没有获得相应的绩效奖金，这使得他有了自己单干的想法。张庚、李瑶坚决不愿意把自己的股权给孟子义。于是，心灰意冷的孟子义做出了离开的决定。就在孟子义离开半年之后，张庚、李瑶的网上商城就因为经营不善而倒闭。

上述案例说明，一个优秀的人才对公司发展贡献很大，创业者在股权分配上也要根据其贡献给予其应有的回报。

为了避免投资者中途离开，或者提出重新谈判，创业者应该按照其贡献，包括工作时间、业绩、努力程度、工作态度等，估算其投入价值，并以此为据进行股权的合理分配。例如，有的投资者提供资源，有的提供技术，有的提供管理与运营经验，创业者要根据情况，确定每个投资者的贡献，使他们的股权比例更科学、更客观。

📖 8.2　事后分配的矛盾

股权分配是一个动态过程，即使公司已经成功上市，也会因发展需求而需要对其进行优化和调整。如果之前完全没有考虑过股权分配问题，只是让这个问题一拖再拖，将会为公司后续发展埋下很大的隐患。例如，多方疯狂寻找"功劳"证据，影响大家的团结和和谐关系；对初期分配制度产生怀疑，总觉得自己分得少，从而引发矛盾。一旦诸如此类的隐患出现大爆发，那么公司发展很可能会陷入停滞状态。

8.2.1　多方疯狂寻找"功劳"证据

在公司经营过程中，会发生变化的除了竞争力、发展阶段等因素以外，还有投资者的"功劳"，也就是贡献。很多公司都会按照投资者的贡献分配股权，这是一种极为常见的做法。当然，这种做法也是合理的。不过，贡献是一个不确定的因素，会随着时间、条件的变化而发生增大或者减弱的变化。

因此，从长远角度来看，如果只按照贡献分配股权，那也不是非常公平的。实际上，现在有很多创业者都在这方面遭受过损失，其中就包括张亮。

张亮是一位吉他爱好者，只要闲下来就会拨弄他的吉他。有时，他还会去网上搜索新的吉他弹奏方法进行学习。一天，张亮突然萌生了一个念头：制作一个软件，让吉他爱好者能在网上互相比拼、切磋。

有了这样的念头，张亮便开始策划。经过一番周密的考量与计划后，他觉得要做好这件事情还应该有两位帮手，一位负责与用户比拼、切磋，一位负责数据的收集和统计。因为张亮本身是一位资深程序员，所以软件代码的编写他可以全权负责。

不过，既然是吉他类软件，那么肯定就要有一个精通吉他弹奏的人来提供原始的弹奏曲，以及对用户的弹奏曲进行基本判断。除此之外，软件用户一旦达到一定规模，还需要有人来对其喜好进行汇总和统计。

　　于是，张亮邀请自己的吉他老师和一位关系比较好的同事加入了合伙阵营。起初，张亮只是一心想要实现自己的创业计划，再加上他对股权分配并没有太多经验，所以就把这件事搁置了起来。也就是说，即使公司已经创立了一段时间，大家的股权还是不明确。

　　后来，因为其他两个人想知道自己在年底可以获得多少盈利，所以便向张亮询问公司的股权情况。由于事出突然，张亮决定按照各自贡献大小，以最快的速度做好股权分配。于是，为了表明自己的贡献，大家都在疯狂寻找证据。

　　吉他老师拿出了自己与用户比拼、切磋的详情表；那位同事拿出了这段时间的数据分析图；张亮则拿出了自己编写代码时的加班记录。从表面上看，三人似乎都为公司做出了不小的贡献。但是由于之前没有明确股权分配，也没有认真统计过具体的贡献情况，无法判断大家提供的证据是否真实，因此导致了现在这种异常棘手的现象。

　　显然，以上案例就是因为把股权分配搁置起来，并且只考虑到贡献这一个因素，才使得公司陷入"水深火热"中。实际上，现实生活中有很多这样的情况。既然如此，我们就不可以事后再进行股权分配，而是要制订完善的投资者追踪计划，如图8-1所示。

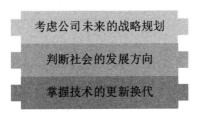

考虑公司未来的战略规划

判断社会的发展方向

掌握技术的更新换代

图8-1　制订投资者追踪计划需要考虑的三个因素

　　（1）既然已经是事后的股权分配，那么就更应该考虑公司未来的战略规划。也就是说，目前对于公司来说是比较重要的因素，在之后未必如此。因此，我们必须时刻追踪投资者的资金、贡献、资源、能力、经验等因素，以促进股权分配公平公正。

　　（2）社会的发展方向会对公司的发展方向起到一定的影响作用，这种现象也被称为顺应时代潮流。对于大多数公司来说，只有顺应了时代潮流，才可以获得广阔的市场空间和提升竞争力的机会。自然，社会的发展方向发生变化，也会导致股权分配的影响因素发生变化。

（3）技术的更新迭代势必会产生对新技术的需求。与此同时，旧的技术也会"贬值"。可能某位投资者当初就是以某项技术入伙的，而股权分配也是以此为基础的。但是，当这项技术失去了价值或者价值没有之前那么大，而且投资者不能提供新的具有更大价值的技术时，就需要重新考虑股权分配问题了。

投资者追踪是一个动态的过程，事实证明这个过程非常关键。由于投资者追踪并非发生在眼前，而是发生在未来。所以，为了确保以后可以根据资金、贡献、资源、能力、经验等因素给予投资者等值的回报，制定动态的股权分配机制非常有必要。

8.2.2　对初期分配制度质疑，多方感觉自己分得少

张伟松是一个新媒体公司创始人，后来为了扩大业务规模，提升市场竞争力，他又引入了一位投资者陈妍。不过最近，陈妍因为股权分配问题与张伟松产生了纠纷。在这个过程中，受到最大影响的莫过于他们共同经营的公司了。

该公司自成立以来，就受到了一致好评，经过一年多发展，还积累了数以万计的用户。可以说，此时该公司正处于上升期，突然出现的纠纷无疑是对其的一个致命性打击。这就是不合理的股权分配所带来的不良影响。

公司是张伟松和陈妍一起打拼出来的。在进行股权分配时，张伟松考虑到陈妍有怀孕的打算，可能会影响正常工作，所以要求保护自己的大股东地位。陈妍也答应了这一要求，于是便将股权分配结果定为：张伟松占据60%的股权，陈妍占据40%的股权。

当公司需要进行融资时，陈妍又对此前约定的股权分配情况表示出了不满。她坚持要以稀释张伟松的股权为前提进行融资，认为自己怀孕并没有影响公司运作。在此过程中，为了让张伟松答应她的条件，陈妍甚至做出了一些十分过激的举动。

然而，两位投资者这样做并没有使各自的利益有所增加，反而让公

司承受了致命性打击。其实归根结底，会出现这种情况的原因就是股权分配存在问题。张伟松占据了更多股权，有更大的话语权。而且他们之间也没有制定动态的股权分配机制，这在一定程度上助长了张伟松决策的随意性。久而久之，他们之间就会产生矛盾，导致公司面临解散的风险。

构建合理的股权分配结构，会对投资者起到激励作用，可以提高其工作积极性，进而促进公司的发展。如果张伟松在一开始就与陈妍进行深入沟通，并制定动态的股权分配机制，那么在此后过程中，陈妍也就无法提出增加股权的要求。

而且即使陈妍希望增加自己的股权，也只能通过为公司做出业绩，提升公司效益的方式来实现。这样的话，也就不至于给公司正常运行造成不利影响。对于公司，尤其是创业公司来说，股权分配机制直接关系到未来的生存和发展。所以，我们应该在创业初期就制定好股权分配机制，以便为公司后期发展节省更多的人力和物力。

8.3 股权分配矛盾的解决方法

对于股权分配矛盾，公司需要订立明确的规定，尽力做到事先有所防范，事后有据可依。在实际操作时，可以采取两种方法：一是设置变量，多关注动态股权；二是设置短期目标，根据完成度调整股权。

8.3.1 设置变量，多关注动态股权

投入要素的价值会根据公司发展的不同阶段而发生变化。例如，在公司成立初期，资金、场地的估值会比较高，而到了中后期，核心技术、人才的估值会比较高。这些估值的变化，会让公司的股权发生变化，这也是股权分配会产生矛盾的原因之一。

对此，公司可以设置变量，让股权处在动态变化之中。一般来说，资金不能看作变量，因为投资者为公司投入的资金是有具体数额的，要

按照估值计算成股权分配给投资者。但其他的要素如技术、人力、管理、人脉等都属于变量，这些要素会随着公司发展阶段的不同，拥有不同的价值。在设置变量时，可以使用以下 4 种方法，如图 8-2 所示。

图 8-2　设置变量的 4 种方法

1. 发行限制性股权

限制性股权首先是股权，但同时又有权利限制，需要投资者分期兑换。而且，投资者如果中途要离职，公司可以按照事先约定的价格对其手中股权进行回购。无论公司是否融资，是否上市，都可以套用限制性股权。

例如，投资者在公司成立时仅出资 50 万元，便获得了 20% 的股权。半年之后投资者要求退出，公司市值达到 5000 万元甚至 1 亿元，而他仅靠一点贡献就能拿到丰厚的收益，这是其他投资者不想看到的。

2. 股权分期兑现

根据自身实际情况，公司可以设置不同的股权兑换机制。例如，小米为了预防短期投机行为，要求投资者在入职以后工作满 2 年兑换 50% 的股权，三年兑换 75% 的股权，四年兑换 100% 的股权。这种方式保证了投资者至少要在公司工作 2 年，避免了因为投资者在短时间内离职给公司带来的不必要损失。

3. 约定回购机制

随着公司的发展，股权价格也在不断变化，投资者在公司成立初期投入的资金并不是股权真正的价格。因此，公司在为投资者分配股权时必须与投资者约定回购机制，确定一个双方都可以接受的回购价格。这个回购价格往往是公司和投资者双方自行协商的，一般有以下3种模式。

（1）参照原来购买价格的溢价。参照原来购买价格的溢价可以确定股权的回购价格。例如，投资者出资10万元购买10%的股权，几年之后股权价格涨到了之前的2倍甚至3倍，公司就要以比当初购买价格高的价格从投资者手中购回股权，也就是溢价购买。

（2）参照公司净资产。参照公司净资产同样也可以确定股权的回购价格。例如，公司发展到第三年或第四年时资产已经上亿，这时公司就不能按照原来的购买价格对股权进行溢价回购。因为回购是一个买断的概念，股权一旦被公司回购，投资者就不会再获得任何利益。

参照上述条件，如果公司发展速度极快，股权会为公司带来更大的收益，所以公司要回购股权就必须进行更全面的考虑。例如，考虑投资者对公司的贡献，考虑公司的发展速度，在此基础上计算投资者未来十几年的收益。

对于重资产公司而言，要想实现公平合理，参照净资产来确定股权回购价格是一个非常不错的方法。

（3）参照公司最近一轮融资估值的折扣价。参照公司最近一轮融资估值的折扣价也是确定回购价格的一种方式。融资估值是对公司未来价值的估算，估值的结果无论是5000万元还是1亿元，都是投资者认为公司未来可能会达到的一个数值。但这个估值是动态的，并不能代表投资者退出时公司的净资产价格。

如果公司完全按照融资估值的价格回购股权，会导致现金流压力加大，不利于未来的发展。这时，最好的办法就是以公司最近一轮融资估值的折扣价来回购股权。

4. 做好预期管理

针对各种要素可能会产生的价值浮动做好预期管理，对于一个公司的发展是很重要的。不论是设置股权兑换的限制条件，还是设置股权的回购机制，其实都是一种预期管理。这样可以使股权处在动态变化之中，利于后期根据公司发展再对股权进行调整。

在股权分配初期设置这些变量，其实就是为后期各种要素的价值浮动留有一定调整的余地，最大限度地让投资者拿到与他们贡献相匹配的收益。毕竟一个公司能不能做成，未来能走多远等问题，是所有投资者的共同努力所决定的。

8.3.2　设置短期目标，根据完成度调整股权

公司可以用定期评估法给投资者设置短期任务目标，根据投资者这一时间段对公司的贡献来适当调整其应该持有的股权。以某公司的投资者绩效考核制度为例，如表 8-2 所示。

表 8-2　某公司投资者绩效考核制度

1. 目的：为充分调动公司投资者参与销售业务工作的积极性，建立公平合理、公开透明、有效激励的内部奖励分配机制，结合本公司实际情况，特制定本制度。

2. 适用范围：适用范围包括×××、×××、×××等投资者。

3. 销售任务：投资者的销售任务额每月月初公布，原则上按人均 10 万元 / 月设定考核目标。

4. 销售业绩奖励

（1）采用按销售额发放提成奖金的考核方式：隔月结算，即本月结算上个月的提成奖金。

（2）具体提成比例：

投资者月度实际销额（元）	提 成 比 例
0 ～ 100000	0
100001 ～ 120000	2%
120001 ～ 140000	3%
140001 ～ 160000	4%
160001 ～ 180000	5%
180001 ～ 200000	6%
200000 以上	7%

（3）提成奖金计算办法：提成奖金＝实际销售额×提成比例　实际销售额＝当月发货金额－当月退货金额

（4）投资者提成奖金计入公司工资成本。

（5）投资者每月的提成奖金与利润分红同时兑现。

5. 销售业绩惩罚：投资者未完成销售任务的，其月度分红按照销售完成率进行折算，即：实际分红金额＝核算分红金额×销售任务完成率。

月度销售任务及实际销售金额采用各月累计方式计算，例如某投资者 5 月份的销售任务完成率＝（1 ～ 5 月实际销售额）÷（1 ～ 5 月任务总额）×100%

在上述案例中，公司对投资者的业绩、提成方法以及未完成目标的惩罚办法都有规定。根据投资者每月的业绩计算实际分红，这样既可以在一定程度上提高投资者的工作积极性，又能确保投资者拿到的分红符合其这一阶段的贡献。

所以，对股权设计争议进行处理并不是一项事后工作，而是一项事前工作。无论是设置限制性股权，还是设定股权回购机制以及投资者的任务目标，都需要事前与投资者协商好。

虽然这样处理可能有伤感情，但权责清晰、有据可依的公司规章制度，可以规避公司与投资者的许多争议问题，进而促进公司的进一步发展。

第 9 章
设置分配股权的里程碑

美国比较著名的创业者迈克·莫耶（Mike Moyer）撰写了《切蛋糕：创业公司动态股权分配全案》（中文译名）一书。自出版以来，该书便受到了创业圈广泛关注，并且逐渐成为指导公司进行动态股权分配的标志性手册。

在创业初期，公司的发展会受到创业者个人格局的影响。但是除此以外，我们也不能忽视"随机而动"的审时度势，以及由自由协作关系衍生出来的生命力。如果从股权分配角度来看，这种审时度势和生命力就是动态股权分配与动态股权分配机制。

如今，因为股权分配不合理而倒闭的公司不胜枚举。随着时代的发展，死板的、教条式的静态股权分配已经不适合创业公司。因为创业公司面临的外部环境和客观条件在不断发生变化，其股权分配问题不是传统的"老方法"可以解决的。在这种情况下，动态股权分配应运而生，不造成僵局、不让团队散伙是其最重要目标。

9.1 里程碑适用条件

在这里，里程碑通常是指可以开始或重新分配股权的事件与目标。当达到里程碑之后，投资者、创业者，甚至全体成员就有获得股权的机会。里程碑比较适合特定类型的公司使用，如知识型公司、处在初创期和战略转型期的公司、控制权稳定的公司等。此外，当公司有新的投资者加入，或创业元老与新晋人才难平衡时，里程碑也可以发挥很大作用。

9.1.1 特定类型的公司

里程碑即使有再多优势，也并不是适合所有的公司。那么，到底有哪些公司适合为股份分配设置里程碑呢？主要是以下 4 种类型。

1. 知识型公司

知识型公司充满创新性、协作性、软实力，这些都需要里程碑和合理的股权分配来巩固。为股权分配设置里程碑，不仅可以协调资本与知识的关系，还能够践行"以人为本"的思想，让公司发展成果惠及投资者和创业者，甚至每一位成员。

2. 处在初创期和战略转型期的公司

处在初创期和战略转型期的公司如果设置了里程碑，能够激发成员的热情和积极性，并将人力、物力、财力与智力集合起来，实现众志成城、披荆斩棘的目的，最终克服种种障碍，赢得应有的成绩。例如，下面的这家房地产公司根据时代发展的特点以及形势的变化，及时设定了里程碑，并取得了巨大成功。

在一段时期内，由于房价居高不下，致使很多购房者望而却步，该公司的销售遇到困境。此外，市场不景气又导致销售人员拿不到理想的薪酬，生活压力逐渐变大，幸福感和工作愉悦感荡然无存，于是纷纷离职，另谋高就。

为了留住销售人员，激发他们的积极性，该公司在 2020 年进行了一次管理制度改革，其中的重要一项就是试水里程碑战略。该公司将"销售额达到 1000 万元"设为里程碑，只要达到了这个里程碑，销售人员就可以得到相应的股权和分红。

在这种情况下，销售人员有了强大的经济保障，为了获得财富而付出自己最大的努力。与此同时，公司的发展也有了新的活力。

3. 轻资产公司

在移动互联网时代，轻资产公司可以分为 5 种：类金融公司、增值型基础网络公司、知识产权主导型公司、品牌型公司、新型科技公司。这些公司的发展潜力比较大，可以让投资者获得丰厚的回报，从而吸引投资者的认可与加入。当投资者逐渐增多时，这些公司就可以通过设置里程碑为其合理分配股权。

4. 控制权稳定的公司

稳定压倒一切，只有控制权稳定，公司才能够顺利实施里程碑战略。

如果最初的股权分配非常不合理，董事会成员之间的纷争严重，那公司会从内部丧失行动力和执行力，就更不用说从深层次解决问题。

9.1.2　新投资者加入

公司在发展到一定规模后通常会有新的投资者加入，这些投资者为公司投入一定的资金或价值，因此也应该按照规定享有一定比例的股权。此时，公司就需要废除原有的股权分配方案，设计新的股权分配方案，而里程碑战略则是一个非常不错的选择。

一般来说，新的投资者可以通过以下两种方式加入公司。

1. 从其他投资者手中取得部分或全部股权

在经过其他投资者同意之后，新的投资者可以从他们手中购买一部分或全部股权。在这样的方式下，公司原有资本总额和净资产不会发生改变，所以只需要计算部分投资者的股权变化即可，无需调整资产和负债。

2. 投入资本

在经过其他投资者同意之后，新的投资者向公司投入银行存款或其他资产，这使得公司的资产和权益均有所增加。由于公司之前已运营过一段时间，各项资产的实际价值有所变动。所以为了避免股权分配不均，在新投资者加入以后，需要对公司之前的资产、负债进行确认和评估。评估的结果通常有以下 3 种。

（1）公司之前的净资产账面价值等于其公允价值。

（2）公司之前的净资产账面价值小于其公允价值，说明公司资产在升值。

（3）公司之前的净资产账面价值大于其公允价值，说明公司资产在贬值。

当新投资者加入公司以后，原有股权分配方案会被废除，新的股权分配方案会出现。在这种情况下，投资者在损益分配、剩余财产分配、对公司的管理权方面均发生了变化，所以如果要使用新的里程碑战略，必须征得其他投资者同意。

另外，对于公司之前所负的债务，新的投资者也应该与其他投资者一样承担无限连带责任或有限责任，这一点必须在实施里程碑战略之前告知给所有投资者。很多时候，原有投资者对新加入投资者可能并不了解，很容易对其缺乏信任感，进而导致日后在合作上出现各种矛盾。所以除了实施里程碑战略以外，公司还需要制定一套新的制度。

（1）新投资者加入应该经过全体投资者的一致同意，并依法订立书面协议。

（2）订立书面协议时，原有投资者应该向新投资者如实告知公司之前的经营状况和财务状况。

（3）新投资者与原有投资者享有同等权利，承担同等责任。

（4）新投资者对公司债务承担无限连带责任。

综上所述，虽然新投资者加入公司时，非常适合引入里程碑战略，但为了保证新投资者与原有投资者的利益不受侵害，公司还需要制定配套制度。

9.1.3　创业元老与新晋人才难平衡

公司为了扩展市场，获得更好发展，必然会引进人才。因此，在实施里程碑战略过程中，平衡创业元老和新晋人才之间的关系就成为一个难点。为创业元老分配股权，能够表明公司对已经做出贡献的人的认可和感情，避免大家对公司产生不信任感；为新晋人才分配股权，能够快速安抚人心，让这些人才对公司产生安全感。

对于新晋人才，公司往往会许以极好的待遇，而这份待遇可能是创业元老所不曾享有的，这就可能会让创业元老产生"新人是来抢饭碗的"想法，最终发展成公司内斗。此时，如果实施里程碑战略，要求新晋人才只有达到里程碑才可以获得股权，那么就可以有效平衡其与创业元老之间的关系。下面我们来看一个案例。

上海有一家高科技公司，为了提高技术水平，决定引进一名海归博士王明。在对王明进行测试的过程中，总经理范琪发现他不仅具有很好的知识基础，也具有一定的团队经验，完全可以胜任技术部门经理一职。

而技术部门经理刘军是范琪的大学同学，两人一起创业，如果为了新来的王明对刘军进行降职处理，显然会伤害他的感情，也会对其他员工产生不好的影响。但如果不给新来的王明一定职位，公司就没有达到引进人才的目的，也可能让王明觉得自己没有受到重视而不愿意入职。面对这种情况，范琪在布局新的股权分配方案时陷入了矛盾。

经过再三考虑，范琪首先向公司创业元老说明了公司要引进新晋人才的要求，获得了他们的一致同意；然后又表示要实施里程碑战略，让他们让出自己手中的一小部分股权，作为新晋人才达到里程碑的奖励。作为表率，范琪自己先拿出了5%的股权，创业元老们也纷纷效仿。

接下来，范琪向王明表明了公司的诚意，承诺只要他达到了公司为他制定的里程碑，就会给予他相应的股权。但在此之前，王明只能先任职技术部门副经理。对于这一安排，王明欣然应允。刘军在和王明的合作过程中，渐渐发现自己的知识确实有不足之处，而王明为了达到里程碑，一直努力工作，有不懂的地方就虚心请教刘军。

在双方有意识的磨合中，技术部门获得了突飞猛进的发展，王明如愿获得了一部分股权，刘军也因为王明的加入获得了更多分红。于是，刘军欣然让位，将自己的工作重心转移到管理公司事务上。

通过上述案例可以看出，在分配股权过程中，平衡好创业元老和新晋人才之间的关系十分重要，而公司负责人在其中起到的作用非常关键。正是范琪向双方都表明了诚意，才让公司的股权分配得到了好的结果和效果。

任何一家公司都需要不断引进人才来保持前进的脚步，这些新晋人才的到来，给公司带来了新的技术理念、新的管理方式，甚至新的文化，但同时也激发了新旧理念之间的矛盾。

新晋人才承载着公司未来的希望，创业元老代表着公司过去的辉煌，两方是不同的利益团体，保证其平衡是公司在分配股权时必须面对并妥善处理的问题。

9.2 里程碑设置

在设置里程碑时，我们需要明确哪一个节点是公司取得的阶段性成果，然后根据这个节点向前推算，对股权分配进行一次科学、合理的调整。设置好公司的里程碑之后，就可以把股权份额、比例与里程碑对应起来。一般来说，不同的里程碑对应的价值是不同的，所以股权份额和比例也是不同的。

对于大多数公司来说，设置里程碑不需要做长久规划。正确的方法是：一个里程碑顺利达成之后，立刻对这个里程碑以及下一个里程碑进行审视和修订。这样有利于公司设置更有价值的、更高效的、更有意义的、更具挑战性的里程碑。我们还应该注意，设置的里程碑不能太"高高在上"，而是要让团队感受到短期内是有希望达成的。

9.2.1 产品研发突破某一困境

张鹏是一个爱好音乐的"90后"男孩，2020年，他和自己的好朋友李子龙共同创办了一个音乐公司。经过商议，张鹏担任CEO，负责产品推广和品牌建设；李子龙担任CTO（Chief Technical Officer，首席技术官），负责技术工作。后来，为了提升公司的竞争力，李子龙又邀请高宇加入公司，让其担任COO（Chief Operating Officer，首席运营官）。

就这样，三人正式开始了创业之路。起初，三人因为相互之间的关系比较好，所以没有太过关注股权分配的事情，仅做出了非常简单的决策：张鹏作为发起人占据77%的股权，李子龙占据20%的股权，最后加入的高宇占据3%的股权。

然而，就在产品上市后不久、市场情况逐渐变好、公司进入快速发展阶段时，张鹏和李子龙因为价值观和理念不同产生了非常大的分歧，而且都认为自己的贡献比较大。与此同时，高宇的实力开始显现，借助自己出色的音乐才华为公司带来了大量用户。

高宇的实力获得了张鹏和李子龙的认可，两人都愿意将部分股权分配给他。不过，因为团队矛盾已经比较尖锐，甚至到了三人没有办法坐在一起商量事情的地步，被业内普遍看好的公司面临分崩离析的风险。

在这种情况下，张鹏的心情受到了很大影响。不过好在三人对股权分配的重要性还有一致认可，因此，虽然遇到了"僵局"，但是尚未产生"散伙"的想法。为了挽救公司，三人决定根据业务现状、未来规划、发展阶段等因素制定动态股权分配机制，如图9-1所示。

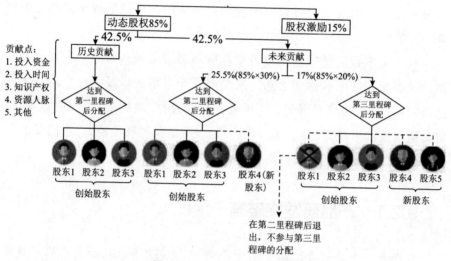

图 9-1　动态股权分配机制

在动态股权分配机制的帮助下，张鹏（图中的股东1）、李子龙（图中的股东2）、高宇（图中的股东3）之间的关系立即出现了变化，公司发展和股东利益也达到了一种平衡状态。随后，张鹏和李子龙进行了"破冰"交流，高宇也对自己的股权份额十分满意。三人又重新走到了一起，竭尽所能地提升自己的实力，促进公司迈向下一新阶段。

在上述案例中有一个非常重要的概念，那就是里程碑，这个概念也是动态股权分配的"任督二脉"。里程碑是公司根据不同发展阶段对自身状态临界点的一个定位。如果落实到动态股权分配上，里程碑可以有很多种形式，如产品设计完成、公司成功上市等。

设置合适的里程碑可以保证公司在每一个发展阶段都朝着正确的方向前进，也可以促使员工为共同的目标而努力，从而实现公司愿景。此外，里程碑设置得是否合适，也在一定程度上体现了创业者对风险变化是否足够敏感。

在上述案例中，张鹏、李子龙、高宇也设置了里程碑（参照图 9-1）。当达成某个里程碑时，他们就需要根据提前安排好的方案重新对股权进行分配。那么，里程碑应该如何设置？达到里程碑之后的股权要如何分配……这些问题需要我们仔细思考。

对于不同的公司，这些问题的答案各有千秋。因此，我不建议大家直接模仿或者借鉴其他公司的做法，而是要根据自身的实际情况来规划解决方案。另外，在设置里程碑时，还应该考虑公司所处的发展阶段，以及公司的类型。

例如，产品导向型公司需要根据产品研发、市场推广等情况来设置里程碑。某公司的一个里程碑就是，产品成功研发并通过测试。这意味着，该公司对产品研发是否或者何时突破困境看得十分重要。

该公司要研发好的产品，因此人力、物力都会向研发部门倾斜，负责研发的人也要承担极大的压力。在这种情况下，如果上述关于产品的里程碑顺利达成，那么负责研发的人自然有资格得到符合自己贡献的回报。

同样地，当其他的里程碑达成之后，也会有相应的人发挥作用并获得回报。总而言之，每一个里程碑背后都有付出更多努力的人，这些人虽然有不同的角色和分工，但是都会对股权比例产生影响。

9.2.2 销售额、盈利、用户数达到某一数值

除了产品研发情况以外，销售额、盈利、用户数也可以作为里程碑使用。例如，某公司的里程碑有以下三个：

里程碑一：产品连续 3 个月销售额达到 X 万元；

里程碑二：产品持续盈利，市场占有率达到 $Y\%$；

里程碑三：做好产品宣传和推广，使用户数达到 Z。

在达到里程碑一的过程中，销售部门的重要性持续上升，负责这部分工作的人将做出更大贡献；在达到里程碑二的过程中，市场部门付出了努力，工作强度更大；在达到里程碑三的过程中，负责营销的人变得更关键，其发挥的作用更大。

面对不同的里程碑，我们需要衡量不同部门和投资者的贡献，并据此为其分配股权。在设置里程碑时，除了考虑公司对未来的规划以外，还应该考虑不同发展阶段对部门、员工、股东、投资者的希望和期待。

对于公司而言，每一个里程碑都代表着一份"心血"，都是一步一个脚印达到的。从本质上来看，动态股权分配是在激发大家走正确的道路，发挥更大的积极性，同时给予各方"只要努力就可以获得"的等值回报。

在公司经营过程中，里程碑充当着"分水岭"的作用。如果掌握了设置的技巧，那么每达到一个里程碑就意味着公司进入一个全新的发展阶段。为了适应这样的发展阶段，对股权分配进行调整非常必要：一方面，有利于肯定大家的成就，激发团队的潜力；另一方面，可以促进整体效率的提升，推动最终愿景的实现。

9.3 股权切割方法

动态股权分配的核心在于"动"和"变"，没有公司想让自己面临两次完全相同的风险。因此，我们应该用"成长"思维去考虑问题，尤其是如何实现与投资者之间利益平衡的问题。

动态股权分配是一个强有力的纽带，可以把公司利益与投资者利益连接在一起。鉴于此，投资者贡献的增加，将直接推动公司向下一个发展阶段前进。此外，每一个里程碑的达到也将会让对方得到应有的回报。

如果说里程碑是动态股权分配的"任督二脉"，那么股权切割方法就是动态股权分配的"独门秘籍"。比较常用的股权切割方法有两个，分别是固定切割法和比例切割法。这两个方法各有特点，公司应该根据自身实际情况进行选择。

9.3.1 固定切割法：以未来某一里程碑切割固定股权

固定切割法是当已经确定好的某个"里程碑"达到时，公司的某个或者某几个股东应该把部分股权拿出来"分配给大家"。例如，达成第一个里程碑之后，股东拿出 10% 的股权；达成第二个里程碑之后，股东拿出 10% 的股权；达成第三个里程碑之后，股东再拿出 10% 的股权……以此类推，直至股权分配完毕。

上面所说的"大家"主要是指，在里程碑达成过程中做出了实际贡献、付出了一定努力的成员。如果是新加入的成员，而且没有为里程碑的达成发挥作用，那么就不可以参与股权分配。当然，等到设置了下一个里程碑以后，新加入的成员还是可以凭借自己的贡献和努力参与股权分配，并获得相应的回报。

这里需要注意的是，对于财务、人力资源、行政等难以设置"里程碑"的工作，我们可以采取特殊方法。具体来说，可以提前规划好完成此项工作所需要的贡献和努力，然后由相关负责人根据实际情况自行制定动态分配机制。由于"动态"可以跨越时间维度和空间维度，因此未来的股权分配是可以"触摸"并且感知的。

9.3.2 比例切割法：每次达到里程碑，切割未分配的股权

在固定切割法中，如果里程碑顺利达成，那么股东"拿出来"的股权是恒定的，例如都是 10% 或者 20%。而比例切割法则有所不同，我们需要预留一部分剩余股权，然后根据里程碑的达成情况对这部分股权进行分配。

举一个比较容易理解的例子。将剩余股权看作一个"股权池"，这个"股权池"中有 20% 可以分配的股权。达成第一个里程碑之后，分配这 20% 股权中的 10%（20%×10%=2%），此时还剩余 18% 的股权没有分配；达成第二个里程碑之后，再分配 18% 的股权中的 10%（18%×10%=1.8%），此时还剩余 16.2% 的股权没有分配；达成第三个里程碑之后，再分配 16.2% 的股权中的 10%（16.2%×10%=1.62%），此时还剩余 14.58% 的股权没有分配……以此类推，直至股权分配完毕。

使用比例切割法虽然会让可以分配的股权越来越少，但是因为公司本身处在快速发展阶段，所以大家实际获得的回报以及收益也是呈现上升趋势的。此外，当公司获得了丰富的利润以后，"股权池"中能够容纳的对象也会逐渐增多（从理论上来说可以无限增多）。这也就意味着，可以享受回报以及收益的人将越来越多。

第10章
贡献值：有原则地记录成员贡献

创业初期不必急于切蛋糕，这样对股权分配没有太大好处。我们首先应该掌握各个成员提供的资金、技术、渠道、经验、人脉等要素，分析他们付出的时间和精力，然后对贡献值、贡献点进行计算和评估，最后再去切蛋糕。这个过程其实就是进行动态股权分配的过程，其核心理念是让大家得到公平、公正的回报。

10.1　记录内容

正确记录贡献可以让股权分配更公平公正，也对股份分配方案的制定有举足轻重的作用。对贡献的记录主要包括价值、利益、投入要素等内容，这些内容是股权分配方案的重要组成部分。一个科学的股权分配方案不仅能保障创业者的控制权、投资者的优先权，还能让成员分享公司的收益，即保证每一个人"付出多少，就得到多少回报"。

10.1.1　价值与利益：不能只关注资金

现在，大多数公司都会按照投入资金的多少来分配股权，但这样的方式没有体现贡献的合理价值。例如，A、B、C三人一起开公司，A出资50万元，占股50%；B出资30万元，占股30%；C出资20万元，占股20%。

一年以后，B提出离职，但希望保留股权，原因是公司没有规定投资者在离职以后必须返回股权。此时就出现了一个问题：A、C继续经营公司，显然是对公司的发展做出了巨大贡献，而B只是出资30万元，没有参与公司后续的任何经营，却占了30%的股权，这对A和C来说是不公平的。

对于这种问题，最合理的解决方法就是谁创造价值和利益，谁就对公司有贡献，就可以获得更多股权。也就是说，公司不仅要对资金定价，还要对人定价。资金只占全部股权的一部分，而剩下的部分应该分配给为公司做出贡献的人。

以上述案例为例，按照公司整体估值，资金占股的比例应该控制在30%～70%，其余部分可以分配给做出贡献的人。按照这样的分配方法，B即使在一年以后离职，也只能保留一部分股权，并不能对公司造成很大影响。

现在是知识经济时代，很多公司都是轻资产的技术驱动型公司，而不是资金、资源驱动型公司。以下面这几家公司为例，如表 10-1 所示。

表 10-1　滴滴出行、腾讯、苹果股权现状

公司名称	启动资金	市　值	1% 股权投资价格
滴滴出行	80 万元人民币	1200 亿元人民币	12 亿元人民币
腾讯	50 万元人民币	1569 亿美元	15.6 亿美元
苹果	1250 万美元	6653 亿美元	66.53 亿美元

很显然，为上述这几家公司创造价值的并不是早期投入的资金，而是整个团队研发出的技术。由于技术对公司发展中有举足轻重的作用，因此，技术类股权一定要得到重视。试想，一个重要的投资者突然要离职，公司会面临巨大的资金压力，甚至可能面临资金链断裂的风险。

怎么办？最好的办法就是让投资者拿限制性股权，这样就可以让合伙人的股权分期成熟，分期兑换。即使中途有投资者离职，引发股权回购问题，对于还没有成熟的股权，公司还是可以用原价回购。

对于已经成熟的股权，公司可以根据实际情况选择回购或者不回购。这样既保证了投资者不会轻易离职，也可以在一定程度上缓解公司的资金压力。此外，公司还可以将回购的股权分配给做出贡献的人，让他们得到公平公正的对待。

10.1.2　投入要素：全方位综合考量

在公司成立初期，投资者有的提供资金，有的提供技术支持，有的

提供场地设备，有的提供销售渠道，有的提供融资资源，这些虽然都是对公司的贡献，但很难衡量哪一个更大。然而，如果股权分配标准不明晰，很容易成为日后爆发矛盾的导火索。

从理论上来说，投资者对公司的投入与公司对其的回报应该是对等的，但公司往往还要为未来发展储备足够资金，所以可能给不了投资者足够的回报。在这种情况下，那些应该给而没有给的回报就成为投资者对公司的"投资"。

例如，某投资者为公司提供了销售渠道，按照行情，他的工资应该是 2 万元 / 月，但公司实际只支付了 0.5 万元 / 月。由此可见，每个月还剩 1.5 万元是他应得的，那么这 1.5 万元就是他对公司的净投入，也就是他对公司的"投资"。

投资者在公司的股权比例，可以按照其在公司的净投入来分配。因此，这种股权分配方式最主要的一个环节，就是估算各种投入要素的价值。一般来说，投入要素主要分为以下几种，如图 10-1 所示。

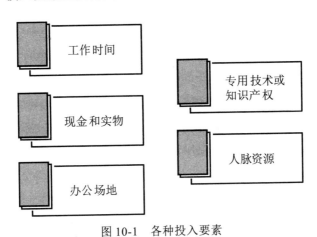

图 10-1　各种投入要素

1. 工作时间

工作时间上的投入是投资者对公司最明显的一个贡献。这个贡献通常按照市场上的工资标准来折算。例如，以这个投资者目前拥有的学历和经验，在类似工作岗位上，其他公司会为他开出的工资是多少，这个数目就是他的时间价格。

2. 现金和实物

对于前景不明朗的初创公司，很少有投资者愿意为其投资。可见，这个阶段的现金投资对于初创公司的发展有着非凡意义。另外，投资者向公司提供实物资产，通常可以等同为现金投资。因为实物是通过现金购买来的，是现金的一种具体形态。

实物资产往往可以分为两种类型：一种是公司主营业务所必需的核心资产，如互联网公司的网站服务器等；还有一种是为公司经营而特意获取的资产，如专门为公司购买的电脑、办公桌、办公用品等。

3. 办公场地

办公场地通常是一个公司运营必不可少的条件，投资者向公司提供免费的办公场地，实际上是向公司提供了租赁办公场地的资金，这部分资金就是投资者对公司的投资。不过，并不是所有的办公场地都能算作对公司的投资，必须要符合以下两个条件。

（1）超出需要的办公场地对公司没有价值。例如，公司只需要200平方米的办公室，投资者却提供了500平方米的办公室，多出的300平方米对公司就没有任何价值。

（2）如果办公场地本来就没有为投资者带来收益，那么这个办公场地也不能算作投资者对公司的贡献。因为投资者把办公场地提供给公司，并不会导致其收益受到任何损害。

4. 专用技术或知识产权

技术是公司运转的重要动力，投资者提供的专用技术、知识产权也可以算作对公司的贡献。如果投资者不愿意把知识产权转入公司，只授权公司使用，那么就可以将公司没有支付的知识产权许可使用费作为投资者对公司的贡献。

5. 人脉资源

为促进公司发展，有时候公司需要一些特定的人脉资源，有些投资者可以为公司建立这样的联系，进而帮助公司获得更好发展。如果这种人脉资源为公司带来销售收入，公司可以按照市场行情，将没有支付给投资者的提成计入其对公司的贡献。相应地，如果投资者帮助公司拉到投资，那么公司也应该按照财务顾问的市场行情，将没有支付给投资者的佣金，折算成其对公司的贡献。

总之，投资者为公司提供的任何资源，都必须是公司非常需要的，因为这样的资源才可以对公司的壮大产生积极作用。创业者在分配股权时，首先要综合考量投资者的贡献对公司的具体价值，然后通过这个具体价值来确定最终的方案。

10.2 记录原则

在动态股权分配模式下，我们需要设置贡献值、记录贡献值、合理衡量每位投资者的贡献值，并通过贡献值来进行股权的授予和分配。与此同时，贡献点与计提时点的重要性也不能忽视。这可以促使投资者与公司长期捆绑在一起，为了使二者的关系更加牢固，借助协议将动态股权分配予以固化也非常有必要。

在贡献值达成，以及计提时点到来之前，我们应该持续记录投资者的贡献值。如此一来，我们就可以根据记录的贡献值，来为投资者分配相应比例的股权。这个过程比较简单，只要掌握一些知识和技巧就可以做好。

10.2.1 设置台阶：每满一定积分记录一次

在动态股权分配中，贡献点要有意义，更要有效果。落实到具体操作上，我们可以将公司的重要业务和关键岗位进行适当划分，在此基础上明确贡献点。至于贡献点的数量，则需要根据公司的发展阶段来确定，而且还要及时调整。

贡献点必须与公司的关键成功要素和盈利息息相关。例如，我们可以将"创造销售利润"设置为贡献点，而不可以将"打扫卫生"设置为贡献点。切记，必须将有限的资源集中到最重要的工作上。

另外，我们也要为贡献点设置"台阶"，以防止计算过程太过繁琐。例如，销售利润每达到 3000 元计算一次，如果销售利润是 1000 元，则等到满 3000 元时再进行计算。这个"台阶"就是动态股权分配的"计算界限"。

我们也可以把某些差额看作"台阶"，例如每出现 5 万元的差额就计算一次贡献值。张明阳之前在一家公司做销售经理，每年的薪酬大约为 20 万元。他自己出来创业之后，同样担任的是销售经理，但是他每年只有 10 万元的薪酬，那么这减少的 10 万元就要计算在他的贡献值中。而且根据各个公司的不同计算标准，投资者的贡献值都应该记录在案。

对于初创公司来说，动态股权分配解决了股权比例难以计算的问题。因为投资者的股权比例是通过计算贡献值得出来的。举例来说，李鹏在公司成立后的 3 个月内，获得了 4 万元的贡献值，而所有投资者的总的贡献值为 20 万元。那么，按照常用的计算方法，李鹏的股权比例就是 20%（4 万元 /20 万元 ×100%），此时不需要去考虑公司的价值到底是多少。

10.2.2　将贡献值"业绩化"

"投资者是背靠背作战，都有各自擅长的一个方面。"当每个投资者把自己的长处发挥出来，实现紧密合作之后，公司才可以取得更大的突破。为了衡量投资者的长处可以为公司带来多大贡献，我们应该建立计算模型，使其变得"业绩化"。

不同的投资者会做出不同的贡献，因此，其获得的贡献值和股权也有一定差异。在动态股权分配机制影响下，贡献值往往与股权直接挂钩，即根据每个投资者的贡献值来为其分配股权，以及进行股权比例的调整。这样可以避免投资者"吃老本"，从而出现不公平的现象。

在分析投资者贡献值时，要将其"业绩化"，简单来说就是要定量计量。例如，张鹏是一家公司的创始人，他为负责销售工作的投资者李明辉设置了这样的贡献值：做好销售工作。该贡献值不仅没有办法衡量，还很难判断是否已经达成。

确实，过了一段时间，张鹏为李明辉计算贡献值。李明辉以销售工作正常运行为由要求张鹏把自己的贡献值计算为最高等级。但实际上，公司销售额与之前相比不仅没有上升，反而下降了不少。因为当时的贡献值不好衡量，所以张鹏只能按照李明辉的要求，将其贡献值计算为最高等级，导致公司遭受了不小的损失。

这就是张鹏和李明辉对贡献值的分歧，原因就在于上述贡献值不好衡量，而且没有"业绩化"。但是，如果张鹏设置的贡献值为"在5月底完成100万元的销售额"，那情况就会有很大不同。因为这样的贡献值不仅可以衡量，而且非常具有指导意义。

可衡量的、"业绩化"的贡献值应该有明确的数据，该数据可以作为判断贡献值是否已经达成的依据。如果设置的贡献值没有办法衡量，就无法判断投资者的表现究竟是怎样的。对于投资者和公司来说，贡献值非常重要。一方面，可以为投资者顺利完成工作提供指导，从而提升其日常表现；另一方面，可以帮助公司准确计算贡献值，实现真正的公平公正。

10.3 评估贡献值

评估贡献值需要在进行大量分析基础上采取一定措施，例如根据投资者在公司中的影响范围、实力强弱、工作强度与难度、任职年限、作用大小等因素，确定其在公司中的相对价值。在评估贡献值时，这个相对价值可以作为重要参考。

10.3.1 股权回购下的贡献值衡量

在某公司中，李米、张玉华、罗宇航、吴建刚分别投入55万元、15万元、15万元、15万元现金，并以此为基础对股权进行了分配。该公司主要提供社区O2O服务。张玉华从事运营推广工作，因为与其他三人产生矛盾，所以想要退出。

目前，公司的发展状况虽然有较大好转，但还是处于亏损状态。三人希望以15万元的价格回购张玉华的股权，但张玉华坚持以3倍即45

万元的价格出售自己的股权。几次商谈未果，大家不欢而散。最后，张玉华只拿到几万元的回报，他本来想着赚一笔退出，结果却吃了亏。

投资者退出有很多种原因，包括不全职参与公司的运营、辞职等。现在，很多创业者都只考虑了投资者进入时的股权分配，而不太关注投资者退出时的股权回购。不过，无论是股权分配还是股权回购，都有一个共同的关键点，那就是对贡献值进行衡量。

投资者的贡献值有很多种类型，例如未领取的薪酬、投入的现金、投入的物资与设备、提供的咨询顾问服务等。在衡量贡献值时，我们可以将其分为未转移的贡献值和已经转移的贡献值。二者的价格通常是不同的，下面以股权回购为例进行说明，如表 10-2 所示。

表 10-2　股权回购背景下的贡献值衡量

贡 献 值	未转移的贡献值	已经转移的贡献值
未领取的薪酬	八折回购	150% 回购价格，以及最近一次估值的 30%，取较高者
投入的现金	九折回购	150% 回购价格，以及最近一次估值的 30%，取较高者
未领取的完成年度任务所获得的岗位奖金	六折回购	150% 回购价格，以及最近一次估值的 30%，取较高者
投入的资源	六折回购	150% 回购价格，以及最近一次估值的 30%，取较高者

那么，我们应该如何衡量投资者的贡献值呢？首先，选出一个合适的、有经验的负责人，来设置里程碑；然后，对各个关键环节进行分解，制定贡献值和贡献值计算标准；接下来，加入回购机制，以及执行细节，形成完整模型；最后，持续记录和公布贡献值，将贡献值转化为实际的股权，展示阶段性的成就。

10.3.2　贡献点与计提时点

对贡献值进行衡量之后，还需要关注贡献点与计提时点。其中，贡献点是投资者为公司带来的价值；计提时点是开始计算这个价值的时间。以下就是详细的贡献点汇总表，包括激励对象/岗位、计算标准、计提时点、兑现方式、回购价格等重要内容，如表 10-3 所示。

表10-3 详细的贡献点汇总表

贡献点	激励对象/岗位	贡献点描述	贡献值计算标准	计提时点	投资者退出时，贡献值回购价格	投资者退出时，股权回购价格	兑现方式	可兑现时点
执行投资者投入的现金	全体执行投资者	投入现金	现金总额	投入现金时	八折回购	1.3倍或者最近一次估值的30%，取较高者	不可兑现	不适用
非执行投资者投入的现金	全体执行投资者	投入现金	现金总额	投入现金时	八折回购	1.3倍或者最近一次估值的30%，取较高者	不可兑现	不适用
全职投资者未领取的薪酬	全体全职投资者	未领取的薪酬总额	薪酬水平与实际薪酬之差；合伙人可以根据自身的薪酬水平修改实际领取薪酬的标准	发放薪酬时	八折回购	1.3倍或者最近一次估值的30%，取较高者	不可兑现	不适用
物资与设备	全体投资者	投入物资与设备	"购买"或者"租用"，参照市价	投入物资与设备时	六折回购	1.3倍或者最近一次估值的30%，取较高者	不可兑现	不适用
商标权	全体投资者	投入商标	没有知名度：注册成本；有一定知名度：参考以前的投入以及闲置的时间，团队协商评估；也可以按照销量计算"商标使用费"	投入商标时	六折回购	1.3倍或者最近一次估值的30%，取较高者	不可兑现	不适用

续表

贡献点	激励对象/岗位	贡献点描述	贡献值计算标准	计提时点	投资者退出时，贡献值回购价格	投资者退出时，股权回购价格	兑现方式	可兑现时点
著作权	全体投资者	投入著作权	以"版税"的方式计算贡献值	相关产品产生销售后，每月底计提	六折回购	1.3倍或者最近一次估值的30%，取较高者	可以全部兑现、部分兑现或者累积贡献值	每月底
技术（包括专利和非专利）	全体投资者	投入技术	技术需要完成转移，并且能够脱离发明人产生效益；团队共同评估技术给公司带来的价值	技术完成转移时	四折回购	1.3倍或者最近一次估值的30%，取较高者	不可兑现	不适用
促成销售	全体投资者	促成销售	销售额的2%	实现销售并收回销售款项时	八折回购	1.3倍或者最近一次估值的30%，取较高者	可以全部兑现、部分兑现或者累积贡献值	促成销售后一周内
办公场所	全体投资者	提供办公场所	市场租金水平	每月底计提	七折回购	1.3倍或者最近一次估值的30%，取较高者	不可兑现	不适用
提供咨询顾问服务	外部的顾问投资者	利用自己的专业知识为公司提供咨询顾问服务	参考其提供服务的市场价格，双方协商制定	服务已经提供并完成时	六折回购	1.3倍或者最近一次估值的30%，取较高者	不可兑现	不适用
以个人的资产为公司做担保	全体投资者	利用个人的资产或者信用为公司的债务做担保	担保的市场价格	签订担保合同后	七折回购	1.3倍或者最近一次估值的30%，取较高者	不可兑现	不适用

续表

贡献点	激励对象/岗位	贡献点描述	贡献值计算标准	计提时点	投资者退出时，贡献值回购价格	投资者退出时，股权回购价格	兑现方式	可兑现时点
带领团队走向下一个里程碑	CEO	CEO带领团队走向下一个里程碑	10000元	走向下一个里程碑	八折回购	1.3倍或者最近一次估值的30%，取较高者	可以全部兑现、部分兑现或者累积贡献值	走向下一里程碑
融资成功	全体投资者	对融资有贡献的人，由CEO按照每个人的贡献分配	融资总额的千分之一	融资款项到账	五折回购	1.3倍或者最近一次估值的30%，取较高者	可以全部兑现、部分兑现或者累积贡献值	融资款项到账
营销	CMO	制定了完善的营销战略	销售额的千分之一	走向下一个里程碑	一折回购	1.3倍或者最近一次估值的30%，取较高者	不可兑现	不适用
财务管理	CFO	负责公司的财务预算和规划	净利润的5%	走向下一个里程碑	一折回购	1.3倍或者最近一次估值的30%，取较高者	不可兑现	不适用
技术管理	CTO	负责IT系统和网上平台	比预算时间提前完成开发所节省成本的10%	完成下一版本的开发	一折回购	1.3倍或者最近一次估值的30%，取较高者	不可兑现	不适用

在公司中，贡献值决定投资者可以获得的回报和收益，而计提时点则为此提供了一个具体的时间。动态股权分配实现了"一视同仁"，可以公平地对待所有投资者，当然也包括管理者和领导者。因此，大家需要严格要求自己，通过不断努力来增加贡献值。

10.3.3 评估时机：预评估+定期评估

因为投资者的贡献值处于动态变动中，所以在对其进行评估时，必须把握好时机。要想有效解决这个问题，可以采取以下两种措施。

1. 预评估

在公司创立初期，需要对每一位投资者的贡献值进行预评估，并将这个结果作为股权分配的重要依据。例如，A、B、C三人共同创业，A负责领导公司发展，B负责公司内的事务性工作，C负责投入资金。

按照市场行情，A的时间价格为年薪42万元左右，B的时间价格为年薪18万元左右。

而在创业初期，公司没有其他的资金来源，所以C出资的20万元翻倍进行评估。由此计算，第一年在不拿任何工资的情况下，三人的贡献值分别为42万元、18万元、40万元。也就是说，在总值为100万元的情况下，三人分别占据了42%、18%、40%的股权。

2. 定期评估

定期评估法是对投资者的贡献值进行定期评估，再得出这一时间段内的股权分配依据。这种措施虽然麻烦，但比较符合股权的动态变化。仍然以上述案例为例，其他条件不变，只将A、B的年薪分别换算为3.5万元和1.5万元的月薪，然后每隔一个时间段按照投资者投入的贡献值来计算其分得的股权。

在A、B、C都不拿工资的情况下，A第一个月为公司投入3.5万元，B投入1.5万元。公司这一个月的运作成本为2万元，由C出资，翻倍之后为4万元。也就是说，这一个月的总投入为9万元，A、B、C则分别占据了 38.9%、16.7% 和 44.4% 的股权。

以此类推，在每个月月底都按照这种方法将 A、B、C 三人的投入进行累计计算，得出每个人应占的股权。当然，评估的周期可以根据公司的实际情况自行决定。

虽然公司的股权会呈现动态变化，但随着公司对各方贡献值的不断评估，到了后期，这一动态变化会逐渐趋于稳定。

还是上述的例子，在第一个月时，总投入只有 9 万元，A 投入的 3.5 万元可以带来 38.9% 的股权。而到了 11 月月底，总投入达到了 99 万元。即使下一个月内 B、C 不做任何投入，只有 A 继续投入，那么在 12 月底，A 也只能增加 3.4% 的股权。何况 B、C 还会继续投入，A 实际增加的股权只会更少。

由此看来，越到后期，公司的股权分配就会越稳定、越合理，投资者的投入也就越不会对公司造成大的影响。

另外，需要注意的是，公司在获准融资之前一定要确定股权结构，否则会影响投资者对公司团队的评定，甚至会影响融资结果。

第 11 章
股权变更：转让限制、退出机制

股权可以体现股东的出资额、话语权、控制权等。同时，股权也是股东从公司获得收益、参与经营和管理的重要依据。股权不能离开股东而单独存在，股东也不能离开股权而单独存在。

然而，公司是要发展的，在不同状态下，股权很可能会发生变更。例如，老股东要求退出，将股权转让给新的股东等。面对这样的情况，我们需要了解股权变更，也需要学会设置转让限制和退出机制，以保护公司和员工利益。

11.1 股权转让限制

股权转让正在变得越来越频繁，与之相关的矛盾和纠纷也日益增多。不夸张地说，在转让股权过程中，会存在很多未知风险，包括法律风险、市场风险、道德风险等。为了规避这些风险，防止公司遭受损失，我们应该对股权转让进行限制。例如，在股东未认购时，不得向非股东转让股权；公司不回购时，其他股东优先购买等。

11.1.1 工商股权变更

股权转让势必会涉及股权变更。因此，在介绍如何对股权转让进行限制之前，我们有必要了解股权变更的相关知识。股权变更通常要经历以下五个步骤。

第一，股东会表决。召开股东会，依据法定程序进行表决。除非半数以上股东同意股权转让，并且未受让股权的其他股东放弃优先购买权利，否则就很可能出现无效的法律后果。如果公司章程对股权转让另有规定的，则必须依照规定办理。另外，无论是召开股东会还是征求单个股东的意见，均要有书面协议，从而避免其他股东事后反悔，导致纠纷产生。

第二，交割。当股东会表决以后，双方签订股权转让协议或股权交割证明。当股权完成交割后，退出的投资者不再担任公司的股东，而购买股权的股东将获得更多权益。

第三，修改公司章程。公司章程中对股东名称、股权比例都有记载，股权转让结束之后，这些内容势必会发生变化。因此，根据相关规定，必须通过股东会对公司章程进行修改。购买股权的股东可以要求股东会，由其出任或委任新的董事或者监事。但是如果公司章程仅涉及股东和出资额的记载，则不需要召开股东会表决。

第四，工商股权变更登记。工商股权变更登记是指公司章程修改、股东股权变更、董事会变更、监事会变更等情况需要向工商行政管理部门申请并报备。在公司申请并报备之后，工商行政管理部门会根据规定给予同意或者不同意的回复。此外需要注意的是，公司如果变更股东，需要自股东变更之日起30日内至工商行政管理部门办理相关手续。

第五步，发布股权转让公告。发布股权转让公告不是法律规定的必需程序，但是对于大规模公司来说，发布转让股权公告可以提升管理层透明度，获取社会公众信任，从而优化自身形象，提升市场影响力。

投资者转让股权也许只想变现，但是这件事情与公司的经营和员工以及其他股东的心理有很大关联。如今，股权转让屡见不鲜，这也意味着股权所有人发生变更。在这种情况下，公司章程、股东权益等也要随之变更，而且这些变更都要在法律的"轨道"内进行。

11.1.2 股权接手资格限制

以自由为原则，以限制为例外是股权转让的总体规则。所以，自由转让并不等于随意转让，对其例外的限制不同程度地存在着。在进行股权转让时，了解接手资格限制非常重要。具体的接手资格限制主要包括以下几种，如图11-1所示。

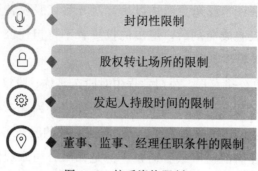

图 11-1　接手资格限制

1. 封闭性限制

封闭性限制是指当股权接手人是公司以外第三人时，必须经半数以上股东同意。若有股东不同意，则需要出资购买股权，如不出资则视为同意转让。

2. 股权转让场所的限制

《中华人民共和国公司法》（下文简称《公司法》）第一百三十八条规定："股东转让其股份，应当在依法设立的证券交易场所进行或者按照国务院规定的其他方式进行。"由此来看，出让方与接手人必须在法律规定的证券交易场所进行股权转让。

3. 发起人持股时间的限制

《公司法》第一百四十一条第一款规定："发起人持有的本公司股份，自公司成立之日起一年内不得转让。公司公开发行股份前已发行的股份，自公司股票在证券交易所上市交易之日起一年内不得转让。"也就是说，持有股权一年以上的股东才可以转让股权。

4. 董事、监事、经理任职条件的限制

《公司法》第一百四十一条第二款规定："公司董事、监事、高级管理人员应当向公司申报所持有的本公司的股份及其变动情况，在任职期间每年转让的股份不得超过其所持有本公司股份总数的百分之

二十五；所持本公司股份自公司股票上市交易之日起一年内不得转让。上述人员离职后半年内，不得转让其所持有的本公司股份。"对高级管理人员做股份转让的限制，也是为了防止泄露公司内部信息，从而保护其他股东的利益。

11.1.3　在股东未认购时，不得向非股东转让股权

很多人可能想不通，既然股东想要退出，那把他（她）的股权转让了就好，为什么还要提出一些限制呢？例如，在股东未认购时，不得向非股东转让股权。其实原因很简单，当公司的上市预期不明朗，股东试图退出时，如果允许其将自己的股权转让给非股东，那很可能会对公司的利益和发展产生影响。很多规模比较大的公司对少量股权根本不感兴趣，多数时候会要求整体购买。

如果让退出的股东将股权转让给非股东，尤其是经济实力比较强大的非股东，那么这个非股东之后也许会把整个公司都买下来，从而对股东和创始人的利益造成影响。因此，对股权转让提出限制其实是在保护股东和创始人。

但是，如果操作不当，也不排除会起到反作用。例如，北京一家创业公司就经历了非股东滥用股权，将创始人与股东扫地出门的事情。

由于该股东在这家公司拥有非常多的股权，而且还拥有一定的话语权，因此在退出时把自己的股权转让给了朋友周野。周野能力很强，进入公司之后没多久就掌握了大量的业务和客户。过了半年，周野重新成立了一家公司，并把这些业务和客户也带了过去。

当创始人和其他股东发觉公司经营出现问题时，公司的银行账户里就只剩下几百万美元了。于是，周野趁机提出要购买整个公司，而且购买价格只比这几百万美元存款多一点点。与此同时，由于周野还具有优先清算权，因此公司被出售之后，创始人和其他股东几乎拿不到多少钱。而周野又是第三方公司的创始人，所以无疑是这次购买事件的主要受益人。

就这样，创始人和其他股东失去了自己的公司，员工们也失去了自

己的工作。由此可见，为了防止出现不必要的风险，对股权转让做出限制非常必要。从原则上说，我们不应该让退出的股东把股权转让给非股东。因为我们对非股东没有很深的了解，不确定他（她）进入公司之后会做出什么样的行为。

在这种情况下，由股东认购股权是最保险的做法。当然，如果认购没有成功，那么也可以将股权转让给非股东，不过前提是要经过半数以上股东以及创始人的同意。对此，《公司法》第七十一条第一款规定："有限责任公司的股东之间可以相互转让其全部或者部分股权。股东向股东以外的人转让股权，应当经其他股东过半数同意。股东应就其股权转让事项书面通知其他股东征求同意，其他股东自接到书面通知之日起满三十日未答复的，视为同意转让。其他股东半数以上不同意转让的，不同意的股东应当购买该转让的股权；不购买的，视为同意转让。

很多时候，股东之间、股东与创始人之间的想法不一致，这就加大了股权转让的难度。那么这是不是意味着股东无法将自己的股权转让出去呢？当然不是。一般来说，当股东要退出时，只要开出的价格不是过于夸张，肯定会有其他的股东想要认购股权。而且该做法对于股东、创始人来说都是有益的，可谓两全其美，所以几乎不会出现无人接手的现象。

11.1.4　公司不回购，其他股东优先购买

在进行股权转让时，公司不回购，其他股东优先购买也是一个不错的限制条件：第一，创始人让其他股东按照股权比例参与优先购买，这是为了防止股权被过度稀释；第二，其他股东自愿优先购买全部或者部分股权，不过只有股东真正退出之后，公司才可以引入新的股东。

从表面上来看，第一个方面更有利于创始人，第二个方面更有利于股东，但是归根结底，都更有利于保护公司的稳定和正常运营。

《公司法》第七十一条第二款规定："经股东同意转让的股权，在同等条件下，其他股东有优先购买权。两个以上股东主张行使优先购买权的，协商确定各自的购买比例；协商不成的，按照转让时各自的出资比例行使优先购买权。"

由此可见，对于不影响公司稳定性的内部股东之间的股权转让，法律没有做出强制性的规定，允许其进行友好协商。也正是因为这样，创始人与股东对于优先购买的限制应该遵循《公司法》的规定。

另外，虽然其他股东可以优先购买股权，但是要有时间限制。对于创始人来说，让其他股东享受优先购买的权利，但是没有时间限制，那会造成交易资源的浪费，甚至会进一步危及交易安全。因此，为优先购买设置一个合理的时间限制非常重要。

11.1.5 原股东不购买，可转让给第三方

如果处理得好，股权转让限制对原股东来说非常有优势，可以使其享受优先购买等方面的权利。也就是说，有股东要求退出时，公司首先应该询问原股东是否要购买股权，这是他们的法定权利，而且是不能被剥夺，也不能回避的法定权利。

但是，如果股权转让面临公司外部的第三人，那么情况就会大不相同。根据股权转让限制的规定，在进行股权转让过程中，必须通过一定的程序向原股东发送股权转让通知，并对转让的股权比例、转让价格等情况进行描述，同时要求原股东在规定时间内给出答复。

如果原股东同意购买股权，那么事情就非常简单，直接在公司内部完成转让程序即可。如果原股东不同意购买股权，那么就视为他们同意将股权转让给第三方，并且认为他们放弃享受优先购买的权利。

在将股权转让给第三方时应该注意三点：第一，一旦涉及国有资产，需要遵守国务院颁布的《国有资产评估管理办法》的规定；第二，股权转让价格通常不能低于该股权所包含的净资产的价格；第三，股权转让的具体操作应该符合公司章程的相关规定。

最后，在股权转让中还存在税务问题，其中最主要的就是股权转让之后产生的营业税。我国政府对股权转让的税务问题进行了明确规定，不征收营业税。

◫ 11.2 退出机制

为了避免在股东退出公司时出现不必要的纠纷，我们需要提前制定完善的退出机制，其中最重要的原则是"退出即退股，不带股退出"。

此外，如果出现股东退出公司的情况，我们应该与之签订资产分割协议和股权退出协议。这样就能够以合同形式将各自的义务权利明确化，并赋予其法律效力。与此同时，也有利于确保股东退出公司之后，不会给公司带来极大的负面影响。

11.2.1 退出即退股，不带股退出

郑飞、李亚东、王培林三人合伙创办了一家公司。其中，郑飞出资50万元、李亚东出资30万元、王培林出资20万元，分别获得50%、30%、20%的股权。创业初期，这样的股权架构没有什么问题，但是如果后面有人突然要求退出，那就会产生一定的风险。

果不其然，一年之后，李亚东就因为两个原因要求退出公司：第一个原因是他和郑飞有矛盾，觉得郑飞的控制权太大；第二个原因是有了更好、更有创意的项目，而且有其他公司拉他入伙。虽然李亚东要求退出公司，但是他坚决不同意退股。

李亚东给出的说法是，首先，股权不是免费获得的，而是他自己用30万元换来的；其次，从公司成立第一天开始，他就参与其中，既有功劳也有苦劳；最后，公司章程中没有规定退出公司就必须退股，而且也没有签订相关协议。

郑飞和王培林想了很久也没有找到反驳的理由。从表面上看，他们确实没有办法将李亚东的股权强制性地要回来。他们认为这样十分不公平，但又不知道如何处理。

如果能够提前设置好时效约束，即约定持股的时间，时间到了之后，大家就可以自行选择退出还是继续持股。如果选择退出，必须把股权还回来。如果时间没到，股东要求中途退出，那么可以根据公司的状态分

为两种情况处理。

（1）公司处于亏损状态：不归还当初的出资额，股东净身出户，股权转让给其他股东或者第三方。（首先要询问其他股东是否购买股权，如果不购买，再将股权转让给第三方。）

（2）公司处于盈利状态：不归还当初的出资额，将本年度收益按照股份比例分配给股东。同时，签订一份股份转让协议，将股东的股权转让给其他股东或者第三方，以后公司的盈利和亏损都和退出的股东没有任何关系。

退出机制在公司发展过程中非常重要。只有对股东进行一定的约束，使其中途退出的成本不断增加，才可以将其留在公司，为公司做更大的贡献。

11.2.2 资产分割协议

资产分割协议

甲方_____，身份证号_____。

乙方_____，身份证号_____。

甲、乙双方共同经营_____（公司名称），工商登记号为_____。但是在合作过程中，矛盾逐渐加深，公司发展日益艰难。鉴于双方合作的基础逐渐丧失，经友好协商，依据相关法律法规，对公司的资产分割达成以下协议：

第1条：甲、乙双方共同经营的资产范围

公司的盈利所得以及建立和扩张公司时的各项实物投入等。

第2条：甲、乙双方共同经营资产的分割方案

甲、乙双方本着公平合理以及诚实守信的原则对公司资产做出分割；按照出资比例对公司最终盈利进行分割；按照专业评定机构的估价对公司各项实物进行分割。如果某项资产不便于分割，则先指定到某一方名下，然后该方再给予另一方半价补偿。

例如，公司有一部公用汽车，市场估价为20万元。在进行资产分割时，甲方想要获得这部车，那么他就要给予乙方10万元的补偿。

第3条：分割资产的交付和转移

自本协议签订之日起变更登记手续；变更完成后甲、乙双方按照条

件进行资产的支付和转移。如果违反本协议，对一方造成的经济损失必须由另一方完全负责。

第4条：分割资产时的争议解决方式

双方因本协议发生争议，应通过协商手段解决。若协商未达到预期效果，任何一方均有权向仲裁委员会提起诉讼，申请仲裁。仲裁裁决对甲、乙双方均具有法律效力。

第5条：资产分割的其他内容

本协议一式两份：甲、乙双方各持一份，具有同等法律效力；本协议自甲、乙双方授权代表签字盖章后正式生效。

甲方：_____（签字盖章）　　　　　乙方：_____（签字盖章）

____年____月____日　　　　　____年____月____日

11.2.3 股权退出协议

股权退出协议

甲、乙双方共同经营_____（公司名称），由于_____（某项事由），____（甲或乙）要选择中途退出。双方在相关法律基础上，遵循互惠互利原则，共同达成了本协议。协议规定____（甲或乙）退出后，由____（甲或乙）独立经营，具体的内容如下：

第1条：基本信息

甲方_____，身份证号码_____。

乙方_____，身份证号码_____。

第2条：甲、乙双方的出资额、出资方式以及出资期限

甲方_____以__方式出资，出资金额共计___元（大写：人民币___元），出资期限为___年；乙方_____以__方式出资，出资金额共计___元（大写：人民币___元），出资期限为____年。

第3条：退出时的交接盘点以及各项承诺的履行状况

（1）仓库盘点，库存余额_____元（大写：人民币___元）；公司的盈亏盘点，净利润_____元（大写：人民币___元）。

（2）___（甲或乙）退出，按照共同经营时签订的协议，___（甲或乙）应支付退出方___（甲或乙）_____元的金额（大写：人民币___元）。

（3）退出方要求以现金形式得到未退出方_____元的金额（大写：人民币___元）。支付期限一共是___天，如果延迟支付或者未支付，则应给予退股方_____元（大写：人民币___元）的违约补偿。

（4）___（甲或乙）退出后的事项。

在公司中推举出清算人，并邀请_____作为中间人进行财产清算；财产清算后如果有盈余，则按照拖欠的员工工资与劳动保险费用、拖欠的税款、拖欠的债务、返还退出方出资的顺序进行清偿；公司的固定资产以及不能再继续分割的财产可以作价卖给第三人，然后根据此价款进行清偿；财产清算后如果发现经营亏损，无论出资多少，首先要以退出方的共同财产进行清偿，如果未能全部清偿，则按照出资比例进行债务的分配。

第4条：其他事项

本协议自相关人士签字盖章后正式生效，一式三份：甲、乙双方以及中间人各执一份。直到___（甲或乙）拿到偿还的现金为止。当退出方拿到偿还的现金后，要把本协议返还给___（甲或乙）。

甲方：_____（签字盖章）　　　　　乙方：_____（签字盖章）

___年___月___日　　　　　　　　___年___月___日

中间人：_____（签字盖章）

___年___月___日

下篇　股权并购

第 12 章
股权并购双方动机与实践技巧

并购是公司在市场竞争中会使用的一种策略。公司的每一次发展，都可能伴随着并购的发生；公司的每一次扩张，也都可能以并购为标志。要想了解在并购过程中公司可以取得什么样的效果，那么就应该掌握最初的动机。

很多时候，并购动机在一定程度上决定了公司的整合方式，同时也会对重组流程产生很大影响。并购动机通常是多种多样的，例如，从买方角度看主要包括获得更强的市场控制力、加强管理效应等，从卖方角度看主要包括资金短缺，急于变现等。

12.1 股权并购买方动机

随着竞争的不断激烈，公司可以通过并购等措施来扩大规模、加强自身实力。通常来说，在并购过程中，除了需要考虑资金和资源以外，还应该关注更重要的附随权利以及资源，如附随的客户名单等。对于很多公司来说，客户名单是商业秘密，有着巨大价值，但是通过并购，这个商业机密可以轻松地被拿到，这有利于公司（买方）迅速占领市场。

并购主要有 3 种类型，分别是横向并购、纵向并购、混合并购。无论是哪一种类型的并购，都可以让买方获得更强的市场控制力，以及更优质的产业链条等。当然，对于作为卖方的公司来说，并购也是解决资金问题、转移重大风险的有效方法。

12.1.1 获得更强的市场控制力，提高市场效率

公司是一个独立的法人实体，可以通过扩张的方式来谋求自身更好的发展。这里的扩张包括两个方面：内部扩张和外部扩张。如果仅仅依靠内部扩张，公司需要更长时间来达到壮大的目的。因此，在这个商场如战场的时代，公司需要做好外部扩张，即并购。

例如，现代重工就凭借外部扩张战略提升了自己的竞争力。2019年1月，现代重工以126亿元价格收购了大宇造船55.7%的股权。此后，现代重工被分为两个实体，向韩国产业银行出售股票。这次合并重组不仅提高了现代重工的生产效率，也缓和了其与韩国造船巨头之间的竞争。

现代重工之所以会收购大宇造船，主要是想共享其技术和专利，提升自己在全球造船市场上的地位和控制力。相关数据显示，二者合并重组之后，新公司的订单总量占据了全球订单总量的20%～30%。

在韩国，造船市场产能过剩问题由来已久。因此，韩国财政部前部长尹增铉在很早之前就提出将现代重工、大宇造船、三星重工变成一家或两家公司的建议。此次收购也算是圆了他的一个梦，同时还使韩国的造船市场变得更加健康有序。

可见，现代重工收购大宇造船不单单是一次简单的商业行为，更是优化造船市场、构建行业新格局、携手走出困境的一个战略。这个战略将提升现代重工和大宇造船的竞争力，帮助其获得更丰厚的收益以及更高的知名度。

通过合并重组，现代重工和大宇造船减少了竞争对手，提高了市场占有率。之前，这两家公司可能会受到三星重工的掣肘，也容易被市场环境变化所影响，从而面临一定的风险。但是现在，现代重工和大宇造船拥有了更强的市场控制力，甚至出现了垄断的意味。这样不仅有利于其获得超额利润，还可以提高其全球影响力。

12.1.2 快速获得人力资本、知识产权或者其他资源

一般来说，公司要想获得人力资本、知识产权或者其他资源，那至少需要几年甚至几十年的积累。但是借助并购，公司可以迅速达成这样的目标。例如，通过与卖方的生产要素相结合，实现优势互补，并以最短的时间在市场上占据主导地位。

在激烈的竞争中，抢占先机是非常关键的。如果成功抢占到先机，那么就可以收购其他公司，获得一些有价值的生产要素，进而提升整体实力、扩大业务规模。很多时候，小公司并购大公司看似遥不可及，不

过只要经过细致设计，还是可以实现的。

例如，小公司可以通过收购大公司单一优质生产要素，使自己逐步发展并壮大。基于这样的原则，饿了么将百度外卖收购，使自己的业务覆盖范围变得更广。一直以来，高端餐饮都是百度外卖的一个亮点，这决定了其用户消费力强，忠诚度高。在收购百度外卖以后，饿了么可以将这些用户的价值发挥到最大，并且获得技术、人脉等资源。

在技术方面，大数据、人工智能深受百度的重视。收购完成后，饿了么可以享受百度外卖的配送技术，把自己的服务变得更精准、更优质。利用智能化技术，饿了么还可以掌握出餐时间、提供最佳配送路径。这样不仅可以促进资源合理配置，降低配送成本，还可以缩短配送时间，使用户享受到更好的配送体验。

在人脉方面，饿了么先前已经背靠阿里巴巴这棵大树。如果完成收购，那么它还可以获得百度方面的人脉。这也就意味着，在 BAT（百度、阿里巴巴、腾讯）三巨头中，有两大巨头都在为饿了么背书。因此，与其他餐饮公司相比，饿了么可以拥有更多的资金、更大的市场容量，以及更多的销售渠道。

12.1.3　管理效率

1975 年，差别效率理论被一些经济学家提出。该理论认为，并购的主要动机是优势公司和劣势公司之间有差别，尤其是管理效率的差别。也就是说，如果 A 公司在管理上比 B 公司更有效率，那么 A 公司就可以考虑收购 B 公司。这样不仅会使 B 公司的管理效率进一步提高，还可以增强 A 公司的实力，甚至还能够为整个行业带来福利。

当管理效率提高以后，资源可以被更有效地利用和配置，进而获得更多的剩余价值。由此可见，管理效率本身也是非常重要的资源，这个资源可以为公司带来好的效应。下面以小康股份与东风小康的合作为例进行说明。

2019 年 9 月，小康股份以 38.5 亿元的价格收购东风小康 50% 的股权。此后，东风小康成为小康股份的全资子公司。通过这次收购，小康股份对优质整车资产的控制力有了很大提升，其内部决策效率和管理效率也比之前高了很多。

此外，收购完成以后，小康股份与东风小康相当于成为全面战略合作伙伴，这有利于双方在技术、产品、平台、营销、金融等方面的融合。对于小康股份与东风小康来说，这样的融合无疑是利大于弊的。所以，一旦看准时机，我们就应该把并购相关事宜提上日程，毕竟"先下手为强"这个道理总是没有错的。

12.1.4　完善产业链条

前文提到，并购主要有横向并购、纵向并购、混合并购3种类型。一般来说，纵向并购的主要目的是完善产业链条。当产业链条渐趋完善时，公司就可以摆脱过于依赖其他公司的困境，这相当于为自己解除了后顾之忧，使自己可以在市场上获得更明显的优势地位。

在通过并购完善产业链条方面，蚂蚁金服做得非常不错。2019年2月，蚂蚁金服成功收购 World First（英国的一家跨境支付公司），并且已经完成所有权变更。

World First 创始人兼 CEO 乔纳森·奎因（Jonathan Quin）通过电子邮件表示，虽然 World First 已经被收购，但是其提供给用户的产品和服务没有发生改变。

蚂蚁金服方面表示，未来支付宝会与 World First 紧密合作，共同为小微公司提供更高效的服务。另外，二者还将携手在全球范围内推进普惠金融，以进一步促进各个国家的经济发展。可见，对 World First 的收购使蚂蚁金服的推广活动得到了应有的支持。

在 World First 助力下，蚂蚁金服的业务不再只局限于在线支付，而是扩张到移动支付和跨境支付。例如，完成并购的蚂蚁金服可以为电商平台提供国际性收款及结汇服务，而且还可以为卖家提供包括美元、欧元、英镑、日元、澳元等在内的收款服务。

加入蚂蚁金服之后，World First 已经和阿里巴巴旗下的 Lazada（东南亚地区最大的在线购物网站之一）达成合作，为印尼、马来西亚、菲律宾、新加坡、泰国的卖家提供支付服务。可见，对于蚂蚁金服来说，World First 确实是提升竞争力的一个强大"武器"。

12.1.5　多样化经营或协同效应

很多时候，公司之所以会收购另一家公司，其实主要是因为看中这家公司强大的发展潜力，以及在解决资金问题之后可能获得的市场地位和巨额盈利。例如，一些规模比较大的公司会收购一些规模比较小的公司，后者通常没有很强大的生产能力，也缺少有效的营销渠道。

如果通过收购将上述问题解决，这些规模比较小的公司可以有更多的市场份额和更丰厚的效益。当规模比较小的公司变得越来越强大之后，作为买家的公司可以得到更多的资金和资源，同时也可以得到相应的商标效应，从而使双方实现协同发展。

很多公司在收购时都倾向于自己非常熟悉的行业和领域，其实这样的做法有一定的局限性。例如，在减少风险方面并没有显著的效果，在多样化经营和协同效应方面也存在弱点。其实在我看来，打"组合拳"是比较不错的并购策略，可以有效减少风险。下面以苏宁易购为例对此并购策略进行说明。

2019 年 2 月，苏宁易购正式收购万达旗下的 37 家百货门店。苏宁易购方面表示，这是其迈向全场景零售的重要一步。随着技术的不断发展，苏宁易购一直积极在全场景零售领域布局，希望可以打通线上与线下，实现从城市到乡镇的大范围覆盖。

收购了万达的百货门店之后，苏宁易购可以为用户搭起智慧零售场景。在这个场景中，用户的需求可以得到更好的满足。而且苏宁易购也可以在任何时间、任何地点为用户提供产品和服务。

另外，此次收购也使得苏宁易购锁定了优质的线下资源，同时促进了自身供应链的变革。相关资料显示，万达的 37 家百货门店基本上都位于北京、深圳、天津等一二线城市的中心区域。得到了苏宁易购的帮助之后，这些百货门店的转型升级进程会进一步加快。例如，通过大数据、人工智能、云计算等技术，苏宁易购可以对百货门店进行数字化改造，从而大幅度提升用户的消费体验。

对于苏宁易购和万达来说,此次收购产生的都是积极影响。之前主攻线上渠道的苏宁易购,选择了线下渠道做得比较好的万达,这样可以使苏宁易购避开内部风险,减少对单一渠道的过度依赖。而且,这种看似无关联的混合型收购也更容易得到贷款,可以减轻公司的经济压力。

📖 12.2 股权并购卖方动机

在激烈的竞争中,很多公司可能因为财务实力不强而出现资金短缺现象,此时,这些公司就会通过被并购的方式来完成变现。另外,如果公司有重大风险需要转移,或者行业形势不断恶化,那么也可以选择被其他公司并购。如果遇到了对的买方,作为卖方的公司可以享受到更大的财务和资源支持,从而加速效益的增长,使自己在生存中谋求更好的发展。

12.2.1 资金短缺,急于变现

宝腾成立于 1983 年,曾经一度在马来西亚汽车市场占据主导地位。但是随着竞争的渐趋激烈,宝腾的市场份额大幅度下滑,资金短缺问题十分严重,甚至已经到了需要接受政府补助的地步。与此同时,为了渡过难关,获得更好发展,宝腾也在全球范围内寻找合作伙伴。

从《金融时报》的报道来看,在最困难时,宝腾的大批制造工厂都处于闲置状态。鉴于此,宝腾同意了吉利的收购请求。在完成收购之后,宝腾可以得到吉利的资金扶持、管理经验共享等,而吉利则可以迅速打入"右舵车"市场,扩大自身影响力。

此外,宝腾旗下还有一个名为莲花(lotus)的品牌,该品牌具备量化跑车技术。对于吉利来说,这项技术非常宝贵。因此,吉利也收购了莲花 51% 的股权,并承诺帮助该品牌做宣传和推广,从而在短时间内提升其知名度。

近年来，吉利一直没有停下在海外扩张的脚步，其不仅掌握了沃尔沃的经营和管理，还收购了伦敦的一家出租车公司。通过对宝腾的收购，吉利的全球地位无疑会进一步提高。当然，在吉利的助力下，宝腾也可以缓解资金压力，让自身发展更上一层楼。

2019年9月，包头南风67%的股权和33%的股权分别被深高速、江苏金智收购。此后，深高速、江苏金智将为包头南风的债务承担相应责任。相关数据显示，包头南风的净债务约为20.18亿元，这使其面临着严重的资金短缺问题。

包头南风主要从事风力发电厂的投资、经营和管理。早在2018年，风力发电厂就已经并网发电，并且拥有详细、全面的营业记录，因此具备比较强的竞争优势。但是激烈的竞争和不太合理的商业模式使包头南风的发展遇到了障碍。

即使如此，深高速、江苏金智还是看中了包头南风在风力发电方面的优势和前景。通过此次收购，包头南风的收入来源和盈利基础将得到有效改善，有利于其在风力发电行业占据优势地位，以及获得转型升级所需要的资金。

另外，此次收购也可以对深高速、江苏金智、包头南风的业务进行协同和整合，有利于三者实现战略目标以及可持续发展。

12.2.2　公司有重大风险需要转移

阅文是知名网络文学公司，该公司曾经以155亿元价格收购了新丽传媒的全部股权。在此次收购中，作为阅文的第一股东，以及新丽传媒的第二股东，腾讯以卖方角色出现。此后，曹华益（新丽传媒创始人）将持有阅文2.24%的股权，新丽传媒其他股东将持有阅文1.45%的股权，而腾讯将持有阅文54.34%的股权。

新丽传媒于2007年成立，是一家综合性影视机构，业务涉及多个领域，包括影视剧制作、全球节目发行、艺人经纪、娱乐营销等。如今，新丽传媒已经拥有了包括《我的前半生》《失恋33天》《虎妈猫爸》《白鹿原》《夏洛特烦恼》《羞羞的铁拳》《妖猫传》《道士下山》在内的多部大众熟知的经典影视作品。

然而，就是这样看似前景广阔的新丽传媒却一直面临上市不顺利、财务状况堪忧的困扰。在影视剧制作成本动辄上亿元的背景下，新丽传媒的发展道路越来越曲折。因此，此次阅文以 155 亿元的价格完成收购，对新丽传媒来说是一笔不错的"生意"。

在网络文学领域，阅文是佼佼者，其 IP 资源非常丰富，例如，创世中文网、起点中文网、起点国际、云起书院、中智博文、华文天下等。不过，阅文即使拥有非常丰富的 IP 资源，也占据很多的流量，但在口碑和形象上依然有所欠缺，而且没有打造出太多爆款。因此，阅文需要借助新丽传媒来加强原创影视剧的开发，实现自身在网络文学领域的突破和创新。

在此次收购中，新丽传媒和阅文都获得了相应回报，但是通过仔细分析就可以知道，背后的最大赢家其实是腾讯。通过新丽传媒和阅文，腾讯的重量级 IP 改编计划成为现实，并在新文创生态内部形成了良性循环。对于腾讯来说，阅文对新丽传媒的收购可以被看作是疏通资金链和"大IP 池"的阶段性开始，有利于其入局内容创作与分发领域。

近几年，收购已经成为流行，这样的尝试也意味着各个行业对"边界"的探索已经渐趋深入。如果跳出原有赛道，在更广阔的市场中发挥作用，那么公司的"基因"将得到进一步试炼，其所面临的风险也会越来越少。

12.2.3　行业形势恶化

网易考拉（现已改名为网易考拉海购）是以跨境业务为主的综合型电子商务平台，也就是俗称的跨境电商，其宗旨是"进口产品当地价"。之前，凭借着良好的口碑和极致的体验，网易考拉逐渐成为消费升级概念的一个标杆，销售量不断增加，渗透率也名列前茅。

相关数据显示，2019 年上半年，网易考拉市场份额排名第一，为27.7%；其次是天猫国际（25.1%）；之后依次是京东海外购（13.3%）、唯品会国际（9.9%）、小红书（6.1%）等。

虽然跨境电商领域竞争非常激烈，但是网易考拉依靠完善的发展战略，已经走出了一条属于自己的道路。例如，在很早之前，网易考拉已经开始使用直营直采模式，该模式有利于节省中间运输环节，从而大幅度降低成本。

此外，网易考拉的业务覆盖了美国、德国、法国、澳大利亚、日本、韩国等多个国家。为了提升产品质量，网易考拉的采购团队坚持深入原产地，并与众多一线品牌和优秀供货商合作。在一年时间内，网易考拉与上百家公司签订了产品采购协议。

然而，2019年9月，阿里巴巴正式宣布以20亿美元的价格收购网易考拉。与此同时，阿里巴巴还参与了网易云音乐的投资，总金额高达7亿美元。从前文所介绍的成绩来看，网易考拉其实发展得还算不错，那为什么最后会被阿里巴巴收购呢？

如今，单一形式的电商越来越不好发展。根据易观研究提供的数据，网易考拉的交易额增速呈现放缓态势。再加上绝大多数用户都倾向于在移动端上购物，这就使得网易考拉面临新的瓶颈。更重要的是，跨境电商的整个行业形势也大不如前。

随着新零售的提出和不断发展，跨境电商也要采取"线上与线下相结合"的策略。网易考拉虽然已经开设了线下门店，但依然难以支撑自身转型升级需要。在这种情况下，网易考拉需要大量的流量，而这些流量恰好是阿里巴巴可以提供的。

背靠着阿里巴巴这棵大树，网易考拉可以直接获取巨额流动资金，同时还能够投入其他领域，甚至是非跨境电商领域。而对于阿里巴巴来说，从公司到用户的B2C模式的发展是一个难题，因为人口红利已经消耗殆尽，大规模的用户增长以后不太可能会出现。

要想谋求更好的发展，阿里巴巴在电商领域还有两条路可走：一条是下沉市场，不过其综合成本比较高；另一条是跨境电商，收购网易考拉无疑是一个非常不错的选择。因此，为了转移风险的考拉海购，和为了谋求发展的阿里巴巴就这样走到了一起，达成了战略合作。

2020年，在新型冠状病毒肺炎疫情影响下，很多行业形势发生了变化，如电影行业、餐饮行业等。如果公司真的因为行业持续低迷而不得不另寻出路，那么被其他规模较大的公司收购不失为一个好的策略。这样既可以保证自身业务正常开展，还有利于积累更多有价值的经验，为以后的发展和壮大奠定坚实基础。

12.3 股权并购实践技巧：一体化战略

一体化战略是指公司将有密切联系的经营活动结合在一起，组成一个体系，并对其进行控制和支配的战略。一体化战略的基本形式有两种：纵向一体化和横向一体化。在一体化战略方面，沃尔玛是不得不提的重要案例。

12.3.1 横向一体化：并购+战略联盟

横向一体化是指同一行业、处于竞争地位的公司实现联合。横向一体化的实质是资本在同一产业里的集中，目的是实现扩大规模、降低产品成本、巩固市场地位。横向一体化战略的实施有两种形式，一是并购；二是组成战略联盟。

公司实施横向一体化战略，通常有以下 5 个原因。

（1）公司所在行业竞争激烈，为了减少竞争压力，进行横向扩张。

（2）公司所在行业规模经济较为显著，为了实现规模经济，实施横向一体化战略。

（3）即将采取的扩张行动不违反《中华人民共和国反垄断法》（下文简称《反垄断法》）的规定，而且可以在小范围内取得一定的垄断地位。

（4）公司所在行业增长潜力较大，只有增强自身实力才能获取竞争优势。

（5）公司具备实施横向一体化战略所需要的资金、人才、技术等资源。

实施横向一体化战略要求公司满足以下四项基本准则，如图 12-1 所示。

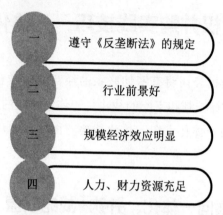

一　遵守《反垄断法》的规定

二　行业前景好

三　规模经济效应明显

四　人力、财力资源充足

图 12-1　实施横向一体化战略要求公司满足的四项基本准则

第一，遵守《反垄断法》的规定。公司可以在特定地区或领域获得垄断，但是一定不能违反《反垄断法》的规定。

第二，行业前景好。公司所在的行业应该呈现出增长态势。如果不止一个竞争对手因为管理或财务等问题陷入经营困境之中，那说明整个行业的销售总量下降，此时不适合实施横向一体化战略。

第三，规模经济效应明显。公司所在行业的规模经济效应有助于公司提升竞争力。

第四，人力、财力资源充足。只有资金、人才等资源足够丰富，业务增加、规模扩大后的公司才可以正常运营，并得到良好发展。

12.3.2　纵向一体化：相互衔接与联系

纵向一体化是指生产经营过程相互衔接与联系的公司实现一体化发展，可以分为前向一体化和后向一体化。

前向一体化指的是公司获得对下游分销商所有权或者控制权的战略，主要形式是特许经营。实施前向一体化战略要求公司满足以下6个基本准则。

第一，公司现有分销商的要价高而且不可靠，不能及时满足公司分销产品的要求。

第二，公司现有的合格分销商非常少，如果实施前向一体化战略，竞争力可以立即增强。

第三，公司所在行业前景好，可以获得快速增长。如果公司主营业务所在的行业增长乏力，那么前向一体化会浪费公司资源，降低公司多元化能力。

第四，公司拥有实施前向一体化战略，独立销售自身产品所需要的资金、人才等资源。

第五，公司实施前向一体化战略，独立销售自身产品可以更好地预测产品的未来需求，提升产品生产的稳定性。

第六，公司当前的分销商或零售商有很大的获利空间。在这种情况下，公司可以通过实施前向一体化战略独立销售自身产品，然后获得丰厚的利润。丰厚的利润会反过来促使公司降低自身产品价格，提升市场竞争力。

看完前向一体化，再看后向一体化。后向一体化指的是公司获得对供应商的所有权或控制力的战略。实施后向一体化战略要求公司满足以下6个基本原则。

第一，公司现有的供应商要价高、不可靠或者不能满足公司对原材料的需求。

第二，供应商缺乏，但是公司的竞争对手数量很多。

第三，公司拥有实施后向一体化战略，独自从事生产自身需要的原材料这一新业务所需要的资金、人才等资源。

第四，公司实施后向一体化战略，可以稳定原材料成本，进而达到稳定产品价格以及产品生产的目的。

第五，公司当前的供应商或零售商有很大的获利空间。在这种情况下，公司可以通过实施后向一体化战略生产自身需要的原材料，然后降低大量成本。成本降低促使产品价格降低，可以提升公司的市场竞争力。

第六，公司对原材料或者零部件的需求比较紧急。

纵向一体化战略实施的优势包括帮助公司节约通过上下游购买或销售的交易成本、控制稀缺资源、保证关键投入的质量、获得新客户，但难以避免的是增加公司内部管理成本。

12.3.3　沃尔玛：全球最大连锁零售商的修炼之道

沃尔玛是全球最大连锁零售商，总部位于美国阿肯色州的本顿维尔。沃尔玛创建于 1962 年，创始人为山姆·沃尔顿（Sam Walton）。沃尔玛之所以能够成为全球最大连锁零售商，很重要的原因之一就是实施了纵向一体化战略。

下面从前向一体化和纵向一体化两个方面来分析沃尔玛的扩张。

前向一体化的运用体现在沃尔玛建立了自己的销售组织，使用不同的营销办法来适应不同国家的不同市场需求。从加拿大到阿根廷，再到中国，沃尔玛根据不同国家的风俗习惯调整了所出售的商品种类以及商店陈设。

事实上，沃尔玛并不是第一个进军海外的美国零售商，但却是进军海外最成功的美国零售商。西尔斯、凯马特等公司都比沃尔玛进军海外早十多年，然而现在的状况却与沃尔玛大相径庭。例如，西尔斯现在已经关闭了大量分店，预期为了生存，未来将关闭更多分店。

在前向一体化战略基础上，沃尔玛还实施了后向一体化战略。后向一体化战略的运用体现在沃尔玛实行的低成本措施上。后向一体化战略可以降低公司采购原材料的成本、增加原材料的可获得性以及质量控制权，有助于公司消除库存积压和生产率下降的问题。

众所周知，沃尔玛的经营理念是"天天平价"和"保证满意"。"天天平价"所包含的意思就是降低成本。对于零售业来说，成本领先是主导战略，是公司打败竞争对手、赶超领先者的决定性因素。所以，沃尔玛非常重视成本领先，致力于将成本领先转化为一种无法被竞争对手简单模仿的、长期的、深深扎根于公司之中的竞争能力。

通过成本领先，沃尔玛打造出了核心竞争力，即产品低价、种类多、名牌商比例大、营业成本低、商店环境友善而温馨、市场扩张快以及售后服务优良等。成本领先的意识在沃尔玛经营的方方面面都有体现，包括商店建设、从供应商手里低价拿货源、通过高速分销系统给各个商店配送产品等。这为沃尔玛节约了大量成本，而且能够以最低的价格将产品卖出去。

　　凭借纵向一体化的价值链、产业链以及相关发展措施，沃尔玛一跃成为世界最大连锁零售商。如今，沃尔玛的商店和业务已经遍布全球。不仅如此，沃尔玛在生产、营销等方面也采取了创新独特的战略，为自己的未来发展奠定了更为坚实的基础。

第13章
股权并购前尽职调查与条款设计

在并购之前，需要重点关注尽职调查与条款设计。其中，尽职调查的目的是了解此次并购对于并购方的股东来说是否具有长期的利益，分析被并购方的实际价值，判断并购方是否有能力或者有必要进行此次并购。条款设计的目的是为并购提供法律依据，防止并购方和被并购方在出现矛盾时没有合理的解决方案。

13.1 并购尽职调查问题及方案

并购是一项涉及经济、法律法规等多个方面的系统工程，对公司进行充分了解和分析是获得成功的前提。为了保证并购正常进行，以及制定合理的并购与并购后整合策略，并购方必须对被并购方进行相应的尽职调查。

尽职调查的内容主要有公司资格、股权、组织性文件、业务、财务、人事等。对于并购方来说，了解这些内容可以有效避免风险，防止自己遭受损失；对于被并购方来说，让并购方了解这些内容既是责任，也是义务。

13.1.1 公司资格、股权、组织性文件问题及方案

在并购中，尽职调查是至关重要的一个环节，其结果决定了被并购方的价值，以及交易是否可以继续进行。一份公正、严谨的尽职调查报告出炉之后，并购方与被并购方将以此为依据做出相应的决策。

在进行尽职调查时，公司资格、股权、组织性文件是必不可少的。为了推动尽职调查的顺利完成，被并购方应该向并购方提供相关的信息和资料。

（1）与公司资格相关的信息，以了解公司可以享受何种优惠，拥有何种权利。

（2）全部股东的准确名称、身份信息（股东为自然人）/注册信息（股东为非自然人）、出资比例，他方股东 / 联营方名称及持股 / 出资比例。

（3）如果有境外分公司，则需要提供其注册证书和最新的股东名册、董事名册。

（4）公司持有的、通过最近一年度年检的营业执照。

（5）公司设立时、历次变更（包括但不限于注册资本、股东、出资比例、经营范围的变更）直至现行有效的文件，包括公司设立及历次变更涉及的各项协议（包括但不限于股东出资协议、股权转让协议等）、政府有关部门的各项批复、股东会或董事会会议文件；公司章程以及该章程下的修订案或修正协议、营业执照等。

（6）分公司、办事处、服务销售中心等公司旗下分支机构的清单，并提供其持有的最新营业执照（如有）。

（7）公司设立及历次注册资本变更的验资报告、出资证明 / 产权登记证。如果股东以非现金出资，需提供其出资的评估报告；如果股东以专利权、商标权、著作权等知识产权或者不动产出资，需提供其合法拥有注入的知识产权或者不动产的权属证明文件。

（8）公司过去三年来历次董事会 / 股东会的会议记录和决议。

（9）如果公司的股东（包括最终股东）已经将其在公司中的股权设定质押或者承诺设定质押，并且质押或者设定质押的承诺仍然有效，需提供质押合同或者设定质押的承诺、相应的主债务合同，以及相关质押的工商登记文件。

（10）如果公司的股东（包括最终股东）已经向第三人承诺全部或者部分转让其在公司的股权，需提供相关的合同或承诺文件。

（11）公司的政府登记证书以及与其业务经营相关的资质证书和项目批准文件。

青岛有一家公司没有分清股权转让和增资，协议明确签的是增资，也清楚标注了注册资本，以及有多少资本进入了公积金。然而事实是，钱被打给了其他股东，注册资本也丝毫未动，章程里并没有出现并购方的名字，也没有到工商处登记。这个问题在并购完成之后才被发现，最终进行协调沟通才得以解决。

试想，问题如果没有被及时发现和处理，那么并购方和被并购方很可能会在准备上市时引发纠纷，最终导致无法上市。因此，尽职调查的首要任务就是搜集上述信息和资料，这是了解公司、提升并购成功率的重要措施。在这个过程中，被并购方应该主动提供信息和资料。而并购方则可以根据自己的情况，要求被并购方提供所需的文件。

13.1.2 业务、财务问题及方案

除了公司资格、股权、组织性文件等方面的尽职调查以外，公司现阶段的业务尽职调查和财务尽职调查也非常关键，这可以深刻影响并购的效率和结果。其中，业务尽职调查是核心，财务尽职调查需要围绕它展开。与之相关的尽职调查主要包括以下几个重点。

（1）处于研发阶段的产品／服务的基本资料，最好有一份详细明确的时间计划表。而且还应该了解公司目前是否有正在开发的知识产权，如果有则要求其务必配备相关证明。要是有条件，还可以对公司进行实地走访，如，参观公司营业地点或者技术研发实验室，这样可以对产品／服务的流程有一个更为明晰和直观的认识。

（2）在对公司的产品／服务有了一定认识之后，还需要了解市场。例如，了解公司正在经营的产品／服务具体是属于什么行业；国家或者地区对于这种行业的态度与政策如何，是鼓励还是限制？产品／服务所占的市场规模大小，市场结构以及市场分配情况如何。此外，还应该对公司现阶段经营的产品／服务的发展趋势做出预测。

（3）通过对行业发展方向的了解，可以更加了解公司的潜力和成长空间。这部分的尽职调查通常比较复杂。第一，了解产品／服务在市场中的销售情况，并根据相关统计数据，预测可能要发生的变化；第二，了解国家对于产品／服务的相关政策，以及之后可能会发生的政策变化；第三，根据成本利润率、产值利润率、资金利润率、销售利润率、薪酬利润率等指标了解公司的利润水平，以及利润水平发生变动的原因。

（4）经营现状能很好地反映客户和供应商数量、竞争对手数量与情况、业务范畴。以我们非常熟悉的阿里影业为例。近几年，阿里影业逐渐

占据整个行业的半壁江山，并在票房上取得了惊人的成绩。此外，阿里影业旗下的衍生品也为其创造了近 7 亿元的业绩。如今，阿里影业的业务主要有内容制作和研发、宣传发行、娱乐电商和海外业务，如图 13-1 所示。

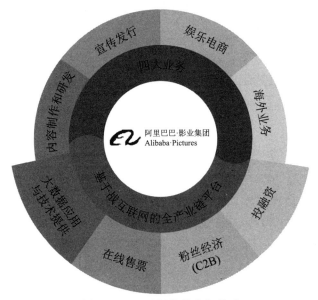

图 13-1　阿里影业的业务范畴

综上，通过直观的图片和文字描述，我们可以对阿里影业的经营现和业务范畴有明确认知。当然，在具体操作时，被并购方也可以增加一些数据，以展示不同业务的具体情况，从而帮助并购方对未来发展方向进行预判。

（5）相关的财务报告，包括资产负债表、利润表、现金流量表、所有者权益变动表、附表及会计报表附注、财务情况说明书、银行流水账单、银行对账单等。一份完整的财务报告可以很好地展示公司近年来的财务状况，并预测未来的财务发展趋势。

（6）盈利及资产事项。盈利是反映公司价值的一个重要考量因素，代表了公司利用资产创造收益的能力，体现了公司的管理水平和业绩，因此必须将其纳入尽职调查中。在对资产进行尽职调查时，应该查看资金明细表，核查大额资金的流出和流入，分析业务背景是否合理，判断资产规模是否偏小以及无形资产是否远多于有形资产，分析流动资金是否充足等。

（7）公司现行会计政策。在不同的经济形势下，会计政策应该根据经营安全的需要进行调整。例如，北京某网络公司正处于成长扩张期，为了获得更好的发展，选择"将某些递延费用予以资本化"的会计政策。当业务正常运行以后，该公司又根据自身需求选择了相对稳健、保守的会计政策。

了解业务和财务等信息可以掌握公司的经营情况和资金运转情况，并据此客观分析公司的优势和劣势，对公司未来的发展作出预测和评估。这样可以在赚取最大利润的同时，尽可能降低或规避并购的风险。

13.1.3　法务问题及方案

法务尽职调查是在并购之前，为了避免因为信息不对称可能带来的重大交易风险，而对被并购方进行合法调查的一项活动。要想对被并购方的法务问题有深入了解，并购方就必须进行法务尽职调查。对被并购方的法务尽职调查通常涉及以下几个方面。

1. 历史沿革

在历史沿革方面，公司的营业执照、主要股东/实际控制人/法定代表人的基本情况，以及公司的验资证明和评估报告都是并购方应该重点关注的。在接受法律尽职调查之前，被并购方通常会将这些资料准备好，以便给并购方留下一个好印象。

2. 资质和证书

并购方要进行营业执照的核查，包括最新领取的营业执照正本和副本，以及因为注册资本增减、股权变更、经营范围改变等事项变更换领的营业执照。此外，公司成立以及历次变更注册资本的相关评估报告、验资证明以及政府与主管部门的批准文件也需要核查。

除了以上资料，并购方也需要对被并购方的组织机构代码证、社会保险登记证、自营进出口登记证、海关登记证、经营许可证，以及相关政府批文、授权许可证进行查验。

3. 章程及修改

作为一项基本文件，章程应该符合法律法规，不得与法律规范存在冲突，否则就不合格。并购方应该对被并购方章程的条文进行审查，看其中是否存在不合法、不合理的内容。此外，并购方还需要对被并购方的独立性进行证明，包括业务体系是否独立、完整；是否有独立的经营能力；以及业务、财务、资产是否独立等。

4. 重大债权债务

在对被并购方的重大债权债务进行调查时，并购方应该核查的文件包括但不限于以下几项，如图 13-2 所示。

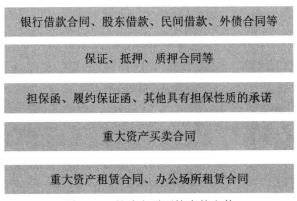

图 13-2　并购方需要核查的文件

上述文件可以直接体现被并购方的债权债务情况，所以并购方的法律尽职调查应该将其作为重点内容。另外，债权人和债务人名单、债券和债权数量清单也需要并购方审核。

5. 重大合同

这里所说的重大合同，指的是已经签订的正在履行或者尚未履行的，标的额超过 500 万元的合同。在进行法务尽职调查过程中，并购方应该要求被并购方提供重大合同。一般来说，具备下列条件之一的合同可以被视为重大合同，如表 13-1 所示。

表 13-1　重大合同

序号	合　　同
1	期限在 1 年以上，或者金额比较大的购买合同、销售合同
2	金额在 100 万元以上的买卖、建设工程、设计、委托加工合同。需要注意的是，具体的金额应该按照公司的实际情况确定
3	涉及并购、资产置换、合资合作等合同
4	涉外合同、担保合同、租赁合同、代理服务合同
5	借款合同、合同承办人认为重大的其他合同
6	涉及土地、房屋等不动产产权变动的合同
7	可能对公司生产经营产生重大影响的其他合同

在重大合同方面，并购方需要进行以下几个方面的调查。

（1）重大合同是否合法有效，以及重大合同的签订与生效是否符合法律规定。

（2）重大合同是否存在无法履行的法律风险。

（3）重大资产交易是否取得内部批准。

6. 税收

在法务尽职调查中，被并购方是否按时缴纳相关税务、是否存在违法行为一直是并购方关注的重点内容。并购方需要通过税收情况对被并购方的合法性进行考察，从而做出合理的决策。在进行法务尽职调查时，并购方需要审查的文件包括以下几类。

（1）国税、地税登记证明以及其他税务登记证明。如果涉及股东变更，那么并购方还应该审查税务机关的变更登记证明。

（2）股东的详细纳税资料，以及公司现在需要缴纳的费用清单，包括营业税、增值税、所得税、关税、契税、不动产税、土地增值税等。

（3）股东各年度的纳税证明，主要涉及国税、地税等。此外，并购方还需要审查被并购方的纳税申报表、免抵退税申报表、年终增值税申报表，以及依法纳税证明等文件。

（4）如果被并购方可以享受政府的税收优惠，那么并购方应该审查相关的批准文件。

（5）如果被并购方在近 2 年内因为税收问题受到了相关部门的处罚，

那么并购方应该审查相关文件，包括税务局发出的缴款通知书、处罚通知书，以及依法缴清罚款的凭证等。

法务问题不仅可以体现被并购方的合法、守法、违法等情况，还与被并购方的盈利与经营现状有密切关系。因此，对于并购方来说，对被并购方的法务问题进行调查十分有必要。

13.1.4　人事问题及方案

在并购的过程中，人事尽职调查应该聚焦在以下三个方面。

（1）组织架构、团队分工、业绩、评价等情况。这些情况往往需要通过面谈来了解，而且相关事宜应该在进行尽职调查之前就安排妥当，因为事先做好沟通和交流才有利于提升效率。在面谈时，应该了解团队形成的历史、获得的成就、管理者之间的配合、领导人的能力和威信等。当然，也应该分析在并购以后，团队的目标与分工有无需要改进之处等。

（2）人事现状及近三年的变化情况，包括但不限于：在职员工、不在职员工、已经退休的员工、一年内将要退休的员工、病残员工、临时工等。此外，各部门的人力资源成本也必不可少，如果能有个人明细就更好。为了展示公司的人事管理水平，薪酬、绩效、考勤、福利、培训、人才发展等方面的制度和流程也非常重要。

（3）与人事工作相关的负债。第一点是在安置员工时可能涉及的经济补偿，至于具体怎么安置员工，则要以法律部门、财务部门、制造部门、行政部门的综合评定为基础来做出最终的决定。第二点是核查公司有无拖欠薪酬（包括工资、奖金、加班费、福利等）的情况，以及判断公司的社保、公积金是否正常缴纳。

在进行人事尽职调查时，应该以满足并购战略的预期目标为核心，同时也要考虑并购之后的管理是否具有比较强的可操作性。为此，我们应该制定一个清晰的框架，综合各方面的力量，结合并购的实际情况来做这项工作，以便取得更好的效果。

13.2 并购关键条款及方案

无论是公司领导者，还是并购负责人，都需要了解与之相关的关键条款。因此，在并购之前，学习一些与缔结并购协议有关的专业知识非常必要。如果没有提前准备，那么很容易在面对并购协议时不知所措，甚至还有可能吃亏。

对于并购协议来说，估价条款、价格调整条款、价款支付条款、基准日的选择、承诺和保证条款是必不可少的"框架"。哪一方掌握了这个"框架"，就能够让并购协议对自己更有利，同时也可以从并购中获得更多的优势和好处。

13.2.1 估价条款及方案

估价条款是并购协议中的一个关键条款，在实际操作时，该条款的谈判时间虽然比较长，但设置起来十分简单。接下来我们就以股权转让为例，看看估价条款应该包括的内容：在本并购协议下，被并购方根据约定向并购方转让股权的预估价格为人民币×××元。

在确定预估价格时，通常需要考虑资产负债表上记载的股东权益。如果被并购方提供的资产负债表是真实无误的，那么这个预估价格就不会调整；如果资产负债表上的股东权益与之前相比发生了变化，那么预估价格就需要进行相应调整。

对于并购方来说，为预估价格留出调整的空间非常必要，这有利于防范和规避并购的风险。此外，要是被并购方的信息和资料披露得不够充分，那么并购方就更应该关注估价条款，否则很可能会使自己的利益受到损害。

13.2.2 价格调整条款及方案

在并购协议签署之后，并购方将对被并购方的财务、资产、账目等进行稽核，并根据最终结果对股权的预估价格进行调整。在具体操作时，并购方需要做好以下几项工作。

（1）根据被并购方提供的明细表，对其资产、土地使用权、知识产权等进行查验。如果实际数量与明细表上记录数量不符，则需要参照已有部分的单价调整被并购方的总值和所有者权益。

（2）对资产负债表上列明的货币资金、各项流动资产、应付账款进行稽核，对欠据、借条、坏账进行处理，据此调整被并购方的总值和所有者权益。

（3）对被并购方的存货进行稽核，对不能使用的、超过保质期的、主机报废的备品备件，以及不再上市的包装物进行报废处理，据此调整被并购方的总值和所有者权益。

（4）对各种税款是否缴纳、应付经销商的返利和折扣是否支付或者预提、员工的奖金和福利费用是否预提、员工的保险是否按期缴纳、其他负债项目是否清理完成进行稽核，据此调整被并购方的总值和所有者权益。

通过上述工作，我们可以得到股权的价格（这里是指股权的最终价格，而非股权的预估价格），然后再将这个价格以签署并购协议的方式确定下来。对于并购方来说，稽核和查验等工作应该控制在两个星期以内完成，整个过程需要由专业人士主导。

在日期方面，将稽核和查验等工作安排在交割完成之后比较合适，此举对并购方更有利。因为交割完成就意味着被并购方已经由并购方管理，各项工作开展起来会更容易、更顺利一些。当然，这也是应对被并购方信息披露不足的有效策略。

13.2.3　价款支付条款及方案

价款支付条款的内容主要是并购方的付款方式和付款期限，该条款有利于规避资金迟迟不到账的风险。下面我们来看一个价款支付条款的示例。

1. 第一批付款

在本并购协议签署并确保向工商登记机关申请变更登记的各项文件、手续都齐全，且已经完成向工商登记机关申报后的 ×× 日之内，并购方应该按照并购价格的百分之 ×× 向被并购方支付第一批并购价款。

（如果是外资并购，第一批付款通常安排在并购协议经过我国政府批准生效之后，被并购方的管理权交割之前。如果采用的是预估价格，则按照预估价格支付第一批付款。）

2. 第二批付款

在工商登记机关核准被并购方的变更申请，被并购方取得新的营业执照后的 ×× 日之内，并购方按照并购价格的百分之 ×× 向被并购方支付第二批并购价款。

3. 第三批付款

在工商登记机关核准被并购方的变更申请，被并购方取得新的营业执照，且并购价格确定后的 ×× 月之内，并购方完成剩余并购价款的支付。

为了规避并购风险，以及顺利取得或然负债（未来可能会出现的负债，通常是因为担保、诉讼、仲裁、产品保修费用等引起）的赔偿，并购方必须争取把一部分价款滞留在自己的手中。此外，为了减少税务争议，价款支付条款也可以增加这样的内容："经过双方的友好商定：乙方（并购方）同意以税后价款（或不含税价款）_____ 万元（大写：人民币_____元）并购甲方（被并购方）百分之 ×× 的股权"。

13.2.4　基准日的选择

在并购中，基准日是双方利益与责任的分水岭。具体来说，在基准日以前，利益和责任归被并购方所有；在基准日以后，利益和责任归并购方所有。鉴于基准日的强大作用，我们需要设置与之相关的条款，例如，明确并购的基准日为××××年×月×日。

在并购协议中，基准日的功能主要有两个：一是自该日起，被并购方不可以进行利润分配，或者转让与处分无形资产、固定资产、土地产权、销售网络等特有资源；二是自该日起，双方可以约定进入共同监管期，也可以约定被并购方订立什么样的合同应该经过并购方的同意。这里需要注意的是，在共同监管期内，并购方也许会向被并购方派遣观察员，以便为被并购方的重大行为背书。

13.2.5　承诺和保证条款及方案

承诺和保证条款的作用是明确双方应该承担的责任，该条款对于促进被并购方如实披露、规范操作具有非常重要的意义。在并购协议中，通常需要分别列出被并购方和并购方的承诺和保证条款。

1. 被并购方的承诺和保证条款

被并购方的承诺和保证条款大多以"被并购方为顺利完成并购交易向并购方做出承诺和保证，并购方应该基于这些承诺和保证来进行并购"为开头，具体内容如下。

（1）被并购方的成立是完全依照法律法规进行的，除了取得工商管理机关颁发的营业执照获得营业资格外，还进行了有效的税务登记、公司代码登记等，并逐年通过年检。

（2）被并购方自成立以来所经历的分立、合并、改制和重组均是依法进行的，其行为合法有效不可逆转，且不存在任何不确定或未尽事项。

（3）被并购方自成立以来一直守法经营，照章纳税，不存在违法经营和偷税、漏税、逃税的情况，不存在被吊销营业执照和强令关闭的情况。

（4）被并购方自成立以来严格执行国家颁布的财务制度和会计准则，会计账目、凭证、报表等均符合法律法规，且坏账和报废资产均已作核销处理。

（5）被并购方的出资乃至股权的获得完全是依照法律法规操作的，并进行了验资，是合法有效的，且不存在任何未尽责任和争议，不存在出资违约责任或者出资不足责任。

（6）被并购方对股权的出让经过其他股东同意，并取得其他股东放弃优先购买权的声明，同时也取得股东会的批准。

（7）被并购方出让的股权没有设立任何质押和他人权利，且已经根据公司章程的规定履行完内部批准手续，并获得权力机构的有效授权。

（8）被并购方已将基准日之前的资产、账目、负债全部披露给并购方，且不存在产权争议。若并购方遭受或然负债的，被并购方愿意按照本并购协议的约定向其履行赔偿义务。

（9）被并购方保证自××××年×月×日起至本并购协议约定的交付日止，不会减少注册资本，不会低价转让资产，不会赠予资产，不会无偿放弃自己的权益，不会无偿扩大自己的义务，不会分派股息和红利，不会作出有损并购方利益的安排和行为。

（10）被并购方保证自××××年×月×日起至本并购协议约定的交付日止，不会恶意签署有损并购方利益的合同、协议、契约。若确需签署标的额在××万元以上的合同，被并购方将事先通知并购方。

（11）兜底条款：除上述承诺和保证外，被并购方还承诺和保证将充分披露对并购方可能不利的事件、情况、信息和资料。被并购方在本并购协议下的承诺和保证是不可撤销的。

从实践经验来看，被并购方的承诺和保证条款越多，对并购方就越有好处。因此，在并购合同中，被并购方应该根据实际情况，在最大限度保护自身利益的同时，尽可能多地增加这样的条款，以促进并购的顺利完成。

2. 并购方的承诺和保证条款

并购方的承诺和保证条款大多以"并购方向被并购方承诺和保证如下"为开头，其具体内容如下。

（1）根据法律法规，并购方有资格购买被并购方在本并购协议中出让的股权。

（2）并购方承诺有能力购买被并购方在本并购协议中出让的股权，

并保证按照本并购协议如期、如数支付价款。

（3）并购方关于签署本并购协议的行为，已经得到其权力机构的授权和批准。

在一般的并购协议中，由于双方地位不同，因此各自的承诺和保证条款也存在差异。例如，并购方的承诺和保证条款通常比较少，因为其是买方，主要承担支付价款的责任，所以只要将这部分内容阐述明白就不会出现太大问题。

第 14 章
股权并购中的风险控制

如今，并购十分活跃，股权并购更是获得了很多公司的青睐。借助并购，我们可以省却重新创办公司的烦劳与辛苦，也可以在合理、合法的情况下减少税务成本。但是，并购的操作流程比较烦琐，稍有不慎就会出现巨大的风险。这样的风险不仅存在于并购实施阶段，还存在于整合阶段，甚至签订合同阶段。

例如，在并购实施阶段，会面临并购风险、资产评估不实风险、产权纠纷风险、反并购风险等；在整合阶段，则需要面临财务整合风险、资产整合风险、业务整合风险、治理结构整合的风险等。对于这些风险，我们要牢牢把握。

14.1 并购实施阶段的风险

在正式的并购方案确定之后，并购方与被并购方就会进入并购实施阶段。在这个阶段，为了保护自己的安全和利益，推动并购的顺利进行，双方会制订完善的协议。

有些并购方盲目自信，认为自己对被并购方已经了如指掌，于是便毫不犹豫地在协议上签字。一旦出现问题，并购方就会步入"地雷阵"。因此，并购方必须对被并购方进行详细调查，了解其各方面的情况，掌握必要的资料和信息。对于很多并购方来说，完成这样的工作比较困难，此时便可以寻求专业机构帮助。例如，由资产评估机构对被并购方资产进行评估作价，从而排除或者降低风险，促进并购的顺利完成。

14.1.1 并购的风险

公司之所以要并购主要是为了实现协同效应，即经营协同、管理协同、财务协同、发展协同等。要想达成这样的目标，首先要对并购实施阶段的风险进行识别和控制。一般来说，在并购实施阶段，公司所面临的风险主要包括以下几个，如图 14-1 所示。

图 14-1 并购的风险

1. 信息不对称风险

有些时候，为了获得更多的利益和更高的价格，被并购方很可能不会向并购方提供对自身不利的信息，从而导致双方信息出现不对称现象。公司是一个非常复杂的综合性组织，并购方很难在短时间内对其进行深入了解，并对其信息的真伪进行准确判断。

例如，某公司的创始人张赫在并购另一家公司时，就因为没有提前对这家公司的盈利状况、资产质量、债权有效性、或有事项等信息进行全面了解，而在后期陷入困境。原来，这家公司不仅承担着巨额债务，还有诉讼纠纷，并购之后，这些问题都需要张赫来解决。

2. 财务风险

只要涉及并购，就少不了资金支持，毕竟很少会有公司可以利用自有资金来完成这项工作。在并购过程中，财务风险来源于很多方面，例如筹集资金的方式具有不确定性，外汇汇率会发生变化，筹集资金的成本具有高增长性等。

此外，如果并购的主体是上市公司，那么还需要界定利润归属节点，这之中也有一定的财务风险，会影响上市公司的业绩。为了预防和避免交割、交接后的财务风险，我们还应该留一部分尾款在并购完成之后的一段时间内支付。

3. 资料完整性风险

与并购有关的资料通常是被并购方提供的，但是有些股东会因为资料中有不好的内容而隐瞒甚至损坏资料，从而破坏资料的完整性。如果并购方无法获取正确、全面的资料，那么就可能会作出错误的并购决策，从而使自己遭受不可预测的损失。

4. 股权交割风险

因为不同公司对股权交割的要求不同，所以主管股权交割的部门不同，开展这项工作的流程以及需要一并办理的附加事项也不同。例如，有些股权交割需要进行前置审批，而有些则需要办理鉴证手续。因此，在并购时，了解股权交割的相关事项非常重要。

5. 交接风险

即使完成了股权交割，也不代表并购方完全控制了被并购方。在股权交割之后，还需要进行相关的交接工作，如部门的变革、证照的更新、制度的迁移等。等到交接工作全部完成以后，才算进入真正意义上的控制阶段。

在交接过程中，最重要的是完善各种手续，制定交接文书。这样不仅可以界定责任，还可以保存证据，为日后解决纠纷提供依据。在交接时，为了避免出现某一方控制权过大的情况，我们还需要进行过渡安排。

俗话说"商场如战场"，好的机会稍纵即逝，我们不应该把并购周期拖得太长。因此，如果对自己没有信心，或者缺乏并购经验，那么不妨聘请一些专业人士，让他们来拟订时间表、设置谈判流程、建立工作组，以提升并购效率，减少并购风险。

14.1.2　资产评估不实风险

在并购中，资产评估是一个不可或缺的环节，这个环节通常面临一定的风险。例如，有些公司为了促成并购，会通过各种手段对资产评估进行干预，导致资产评估结果出现偏差；还有些公司只注重对有形资产的评估，而不去评估无形资产。

　　针对上述问题，在进行资产评估时，应该全面分析公司的资产情况，只要是可以提升公司价值的资产，就必须评估，一项都不可以遗漏。此外，对资产的评估要坚持"实事求是，认真核查"的原则。对于一些非常重要的资产，则要深入现场勘察，以全面掌握情况。

　　在资产清查基础上，被并购方应该按照相关法律规定，由资产评估机构对其资产进行评估和作价，并上报政府部门审批、确认。在确定并购的最低价格时，被并购方应该以资产评估的净值为依据，同时还需要考虑员工、债权、债务等其他因素。

　　如今，资产评估的方法有很多，包括成本法、市场法、收益法等，这也会对结果的科学性、准确性产生影响。在当前阶段，成本法的使用比较普遍，市场法、收益法的覆盖面相对窄一些。这样的情况其实不利于展示资产的获利水平，以及公司的价值基础。

　　为了提升资产评估的真实性，也为了迎合目前的发展形势，收益法应该得到更广泛的使用。而且由于并购往往伴随着资产重组，可以使被并购方资产的获利水平得到进一步提升，因此收益法的使用就变得更加理所当然。

　　除了资产评估的方法之外，并购的结算形式也会对资产评估结果产生影响。一般来说，并购的结算形式主要有 3 种：承担债务、现金购买、股权交易。不同的结算形式会有不同的结果。美国的资产评估机构规定，在进行资产评估时，需要对结算形式进行披露，尤其需要披露结算形式对结果的影响（正面影响和负面影响都需要披露）。

　　随着经济的不断发展，并购行为越来越常见，所涉及的资料、信息也越来越繁杂，这就对资产评估提出了更高的要求。为了规避资产评估风险，我们应该更好地规范相关工作，完善资产评估的准则和制度。同时，深入学习资产评估知识和技巧，努力创新资产评估方法也非常必要，这会帮助我们更好更快地适应瞬息万变的市场环境。

14.1.3　产权纠纷风险

　　被并购方的产权是否清晰，是否存在资产抵押，以及房产、土地等资产使用权与所有权不同的情况。这些问题会对并购价格产生深刻影响。在并购中，被并购方可能会故意隐瞒自己的产权瑕疵及潜在产权纠纷，甚至对于资产抵押情况也不愿意坦诚披露。

例如，某公司的工厂占地200公顷，但实际有产权证的只有180公顷，另外20公顷则属于非法用地。对于并购方来说，这样的信息不容易直接获取，从而为并购后期的工作埋下隐患。因此，并购方一定要擦亮眼睛，不要被表面信息所蒙蔽。

在规避产权纠纷风险方面，创业者可以借鉴A公司的经验。A公司是一家建材公司，因为要拓展业务而决定收购B公司。B公司生产的产品与A公司相同，并购后A公司的市场可以覆盖到B公司所在省份及附近市县。

根据相关资料，B公司的资产为8500万元，负债为7400万元，净资产为1100万元。经过A公司的初步评估，B公司的财务情况与实际相符，产权登记也比较清晰。但是B公司有一笔5000万元的不动产已经抵押给银行，并因此获得了4000万元的贷款。该贷款已经逾期一年，而且未计提相关的滞纳金。在分析和考虑之后，B公司的股东拟以1000万元的价格出让自己的部分股权。而与此同时，A公司通过进一步调查，发现B公司存在以下几个比较严重的问题。

（1）自成立以来，一直未缴纳土地使用税，涉及金额大约为100万元。

（2）房产税计算有误，少缴纳了大约150万元的房产税。

（3）有1000万元的成本没有有效票据，在所得税汇算清缴中也没有进行调整。

（4）因为没有按时支付员工的薪酬和供应商的货款，已经被列入失信被执行人名单。

鉴于以上问题，A公司认为B公司的并购虽然价格很低，但是后期风险太大，所以选择资产收购，即按照公允价格购买B公司的土地、房产、设备等。虽然资产收购价格比较高，但是可以很好地规避后期风险，不至于对运营和管理产生不良影响。

并购是一项复杂的工作，需要注意很多方面的问题。例如，在并购之前，必须尽可能收集更多真实的信息和资料；在并购时，不能仅评估当前成本，还应该审查产权情况，不能让被并购方出现产权纠纷；在并购之后，要分析潜在的风险及其可能带来的损失，进一步优化并购方案。

14.1.4　重大债权、债务风险

重大债权、债务指的是影响股权价值，及并购后公司经营风险的重要因素。一般来说，与之相关的风险主要包括以下几种。

（1）被并购方是否对全部债权、债务进行如实披露，并纳入股权价值评估范围。

（2）重大应收应付款和其他应收应付款是否有效，债权有没有无法实现的风险。

（3）公司对外担保情况是否有代为清偿的风险，以及代为清偿后的追偿风险。

（4）公司是否有因为环境保护、产权、产品质量、劳动安全、人身权等原因产生的侵权债务。如果有，公司需要为这些侵权债务承担什么样的后果。

在并购过程中，我们应该对担保的风险，以及应收应付款诉讼时效等予以特别关注。同时，为了预防和避免重大债权、债务下的风险，我们还应该要求被并购方出示债权、债务相关证明，以及对或有债权、债务的情形作出承诺与担保。

14.1.5　反并购风险

面对一些不太友好，或者充满敌意的并购方，被并购方的股东要想获得控制权，就需要警惕反并购风险，采取相应的反并购措施，如国外比较流行的"焦土战术""死亡换股战术"等。反并购风险不仅会危害股东的利益，还可能会使并购方和被并购方两败俱伤。

目前，我国在并购方面的法律法规还没有十分成熟，这就大大提升了反并购风险出现的可能性。在实践过程中，如果一些公司的操作不太规范，不符合法律法规的基本原则，就会产生越来越多的并购纠纷，同时也增加了并购的整体成本。

下面以盛大网络和新浪之间的"交手"为例，对反并购风险进行说明。通过在纳斯达克二级市场进行交易，盛大网络与其控股股东 Skyline Media Limited（天际传媒有限公司）曾经获得了新浪 19.5% 的股权，并因此成为新浪的第一大股东。

后来，为了扩大业务版图，盛大网络想要进一步控制新浪。在这种情况下，新浪抛出了"毒丸计划"以遏制盛大网络的企图，避免自己陷入困境。

具体来说，如果盛大网络或者其他公司试图继续持有新浪的股权，甚至准备并购新浪，那么"毒丸计划"将在第一时间被触发。根据该计划，新浪的权益持有者能够以 50% 的价格购买新浪的普通股。这样不仅可以扩大总股本，还可以进一步稀释并购方的股权比例。鉴于此，要是盛大网络依然坚持并购新浪，掌握新浪的控制权，那么就需要花费极其高昂的成本。

最终，在"毒丸计划"的阻击下，盛大网络没能继续并购新浪。当时，此事件在互联网行业引起了广泛关注，有人甚至戏称其为"被袭击的珍珠港"。通过此事件，我们不难看出公司在并购与反并购过程中可能会面临的风险。

对于新浪来说，股权过于分散无疑是一个非常大的隐患，这个隐患也让盛大网络有了可乘之机。在盛大网络采取措施之前，四通集团是新浪的第一大股东，其股权也不过只有 10% 而已。很多专家都认为，在如此薄弱的股权结构下，新浪很容易会被并购或者收购。

但事实呢？在实际操作时，盛大网络由于对反并购风险没有足够的理解和认识，也缺乏相应的防范手段，因此险些遭遇到了新浪的反并购。这也提醒我们，对于并购方和被并购方来说，设计合理的股权结构、不断完善治理机构、制定并购与反并购策略非常重要：一方面，有利于抵御恶意并购；另一方面，进一步降低了被并购方实施反并购的风险。

📖 14.2 整合阶段的风险

在完成并购以后，并购方需要对被并购方的财务、资产、业务、治理结构等进行整合。整合过程可能涉及战略、财务规划、债权与债务处理、供销渠道、治理及内部控制制度、人力资源、组织架构、管理模式、产权、文化、市场等多个问题。通常来说，这些问题是不是可以被很好地解决，将直接决定并购能否成功。

对于公司来说，控制和规避整合阶段的风险是促进自身稳定发展的需要，同时也可以推动市场价值的最终实现。本节针对整合阶段的四个风险展开分析，提出回避、转移、控制以及留存这些风险的要点与策略。

14.2.1 财务整合的风险

与其他商业活动相比，并购不能只有资本，还需要具备强大的财务能力。在并购过程中，财务整合是一个非常关键的环节，这个环节可以对战略意图的实施产生影响，同时还会在一定程度上决定并购方是否可以掌握被并购方的控制权。

在实际操作时，我们需要关注财务管理的衔接和调整问题，以针对并购的特点来达成财务整合的目标。例如，为财务人员提供统一、有效的财务整合办法；对会计政策和会计核算体系进行优化；执行合并财务报表的财务制度等。

并购通常会涉及大量资金，也会影响公司的资金规模和资金结构。通过无风险的财务整合，并购后的公司可以获得目标利润，优化内部资源配置。当然，财务整合也可以为公司带来"财务协同效应"，使并购方和被并购方建立和谐的关系。因此，公司必须把握机会，不遗余力地做好财务整合工作，以更好地规避财务整合风险。

14.2.2 资产整合的风险

从根本上来说，并购其实主要是为了促进资产的流动，如果不能实现这样的目的，那么并购的意义将大打折扣。在我国，有些并购已经成为并购方对被并购方的"扶贫工作"，并且还因为没有遵循相关的原则而难以实现协同优势。这样不仅不利于清理失效资产，甚至还会拖垮优良资产，从而导致不必要的资产浪费。

当并购顺利完成以后，资产整合可以产生一定的作用，如剥离非核心业务，清理失效资产，重组优良资产，提高管理效率等。但如果是不合理的资产整合，那么就会影响组织机构的整体性和负债比例的科学性，同时还会提高生产成本。

一般来说，资产整合可以分为有形资产整合和无形资产整合。有形资产整合包括对优良资产的使用以及对不良资产的清理，这是提高资产运营效率、规避风险的重要方法。无形资产整合也是公司应该重视的环节，把这个环节做好有利于避免因为无形资产的流失和使用不当而产生的风险。此外，资产整合涉及权属界定、处分权限制、定价、交易、过户、税费等诸多法律关系，在这些法律关系中，同样潜伏着各种风险。

14.2.3　业务整合的风险

并购少不了业务整合，其中也隐藏着很多风险。为了让损失和后果保持在一个可控的范围内，我们需要了解业务整合的风险，以及相对应的规避措施。在业务整合中，需要高度重视的风险有以下两个，如图 14-2 所示。

被并购方的业务能力差，效益呈现下滑趋势 ①

② 被并购方的管理能力跟不上业务的发展

图 14-2　业务整合的风险

1. 被并购方的业务能力比较差，效益呈现下滑趋势

因为受到文化、战略规划等方面的影响，被并购方的业务很可能会

出现"青黄不接"的情况。如果并购发生在同一个行业,那么并购方可以直接将部分业务下拨给被并购方,此时的风险是比较小的。如果并购不是发生在同一个行业,那么被并购方往往无法全盘接手并购方的业务,从而使得效益在短期内迅速下降。

要想解决上述问题,并购方可以向被并购方输送业务管理人才,帮助其开展工作,或者也可以不对其业务进行大规模调整。如果是不同行业的并购,那么则应该考虑双方的文化、商业模式、组织架构等差异。此外需要注意的是,在双方的业务没有较好地实现融合之前,被并购方的业务应该以不变动为宜。

2. 被并购方的管理能力跟不上业务的发展

无论并购是不是发生在同一个行业,都或多或少地会存在管理能力跟不上的问题。即使是并购的双方,也不能照搬照抄对方的制度和模式。很多时候,并购方会向被并购方提供一定的专业指导,但是因为双方之间有比较大的差异,所以很可能出现管理断层。

与此同时,如果被并购方的管理者因为薪酬、工作强度、发展空间等因素而离职,那么就更会对被并购公司整体管理产生影响。针对这样的问题,应该加强培训和制度建设,例如,由并购方对被并购方进行专业培训,推动各项管理工作的进一步融合。

此外,并购方还可以对被并购方的管理者进行特定培训,给予其相应的帮助和支持。并购方也可以把自己的制度、业务流程传递给被并购方,然后由被并购方根据实际情况拟定适合自身发展的制度、业务流程。在这个过程中,并购方需要为被并购方提供专业指导,以保证制度、业务流程的正常执行。

14.2.4 治理结构整合的风险

并购已经成为公司发展和壮大的有效手段之一,但是这背后还隐藏着巨大的危机——治理结构整合的风险。在完成并购之后,公司是否可以达到预期的目的?是否有足够的实力来识别、预防、控制、转移,甚至驾驭治理结构整合的风险？是否可以达到扭转亏损的状态？

纵观国内外，有大约半数的并购其实没有创造价值，反而起到了相反的作用。之所以会如此，主要是因为对治理结构整合的风险没有深刻认知和理解。要想让并购更加顺利，并取得好的效果，就应该掌握治理结构整合的几种风险，如表 14-1 所示。

表 14-1　治理结构整合的风险

项目	风　　险	风 险 评 估	应 对 措 施
治理结构整合	公司章程是工商登记的文本，股东之间未签订股东协议	固定的公司章程版本无法体现股东成立公司的真实意思，股东之间的权利与义务难以产生法律认定的效果	制定操作性强的公司章程，补签股东协议，将规定落实到纸面上
	董事会职责不明确，议事规则不清晰，无会议记录或者决策过于随意	重大事项决策、执行缺乏法律约束力，如果发生纠纷，没有法律保障	明确董事会的职责和议事规则，建立完善的会议制度
	股东出资不到位，相互之间有经济往来，名为出资实为借贷，或者名为借贷实为出资	股东之间容易产生纠纷，公司资本金不足	落实出资义务，理顺股东与公司之间的关系
	股权设置不合理，重大事项难以决策，陷入僵局	公司重大事项难以决策，容易使公司遭受不必要的损失	设置合法、合理的股东结构
	出资完成，公司成立之后，股东利用财务便利，将资金挪用或者抽逃	损害公司以及其他股东的利益，承担挪用或者抽逃资金的行政或刑事责任	规范财务制度，落实监督机关的职责
	大股东个人财务与公司财务混淆、私事与公事不分，导致小股东权益受损	公司法人人格否认，股东承担无限责任	明确公司独立的法人地位，与股东的自然人分开
	股东会、董事会的程序违章、违法，决议也不合理，侵害了其他股东的利益	程序违法可撤销，内容违法无效，容易引发诉讼风险	规范会议程序，使决议内容合法化
	管理层不尽职责或滥用权利，以权谋私、贪污受贿，损害公司及股东的利益	股东与管理层之间互不信任，影响公司盈利，引发民事或刑事诉讼	建立管理层绩效考核机制，完善公司监控体系
	部门设置不到位或者机构臃肿，职责不清晰，工作流程不明确	公司整体运营效率不高，影响业绩和目标达成	设置合理的部门，建立科学并且行之有效的管理制度和运营战略

续表

项目	风　　险	风　险　评　估	应　对　措　施
治理结构整合	监督机构履职缺位	管理者权力膨胀，滥用职责或者玩忽职守	落实监事（会）职责，增强审计功能
	组织架构不清晰，各部门职责缺位或者交叉	工作效率低，各部门滥用职责或者玩忽职守	确保组织架构与业务特点相一致，能够控制各项业务的关键环节不同部门各司其职，各尽其责，避免职能交叉、缺失或权力过于集中
	没有公章使用审批制度，分公司、办事处公章使用混乱	分公司、办事处的公章需要本公司承担责任公章使用不当可能产生对外举债的风险	建立公章使用审批制度，并严格落实执行
	员工不正确履行职责，贪污、挪用公款，收受贿赂、拿回扣	相关人员受到内部处分，严重者被刑事处罚，损坏公司的声誉	加强公司文化建设，定期进行法律培训，完善内部监督机制

如今，随着竞争的日趋激烈，并购已经变得越来越常见。对于诸多公司来说，这既是机遇也是挑战。总之，无论是何种类型的并购，想要达到预期的目的，实现提升公司核心竞争力的目标，就必须对治理结构整合的风险加以重视，并根据自身情况有的放矢地采取措施。

14.3　合同方面条款的风险控制

并购合同是并购方和被并购方之间为实现各自的目的，明确各自的权利与义务而制定的协议。这个协议是双方共同遵守的规则，也是双方职责的主要体现。在并购时，如果有一份好的并购合同，那么不仅有利于防范各种已知或者未知的风险，还可以促进并购的顺利完成。

按照法律制定的并购合同具有法律效力，受到法律的保护，哪一方出现了违约现象，都将受到相应的处罚。在并购合同中，反稀释条款、不竞争条款、登记变更条款、知情权条款、风险分析条款必须要有，而且还应该尽量严谨一些。

14.3.1　反稀释条款

为了防止并购对现有股东，即并购方的持股比例或者股权价格产生太大的影响，并购合同中通常会有反稀释条款。在一般情况下，反稀释条款可以分为两个部分：优先认购权条款和股权最低价条款。

1. 优先认购权条款

并购合同签署后至公司上市或者挂牌之前，公司以增加注册资本的方式引进新股东，应该在召开股东（大）会之前通知现有股东，并说明新增发股权的数量以及价格。现有股东有权但无义务，根据其在公司的持股比例，按照同等条件认购相应份额的新增股权。

在某公司中，现有股东的股权是10%，如今有新股东进入，获得10%的股权。如果没有优先认购权条款，则现有股东的股权会被稀释；如果有优先认购权条款，要保证新股东获得10%的股权，并且现有股东的股权不比之前低，那么现有股东就要优先认购一部分股权以保护自己的利益。此时，现有股东的股权虽然会被稀释，但不会稀释得过于严重。

2. 股权最低价条款

并购合同签署后至公司上市或者挂牌之前，公司以任何方式引进新股东，应该确保其出价不得低于现有股东的出价。如果公司以最低价进行并购，则现有股东有权要求新股东无偿向其转让公司部分股权，或者要求新股东向其支付现金，即以股权补偿或者现金补偿的方式，使现有股东的损失降至最低。

总的来说，反稀释条款就是在出价没有太大差别的情况下，新股东不能比现有股东获得更多的利益。在并购时，很多并购方都主张通过该条款来保护自己。这样不仅可以避免公司以最低价并购，而导致并购方的股权被严重稀释，也有利于激励公司以更高价进行后续的并购。至于是否要使用反稀释条款，则应该根据并购方的要求和公司的实际情况来决定。

14.3.2 不竞争条款

不竞争条款相当于被并购方对并购方承担的一项特殊义务。从过往经验来看，并购方通常都会要求被并购方承担不竞争义务，但被并购方是否接受则需要根据谈判情况来决定。所谓不竞争条款，主要是指被并购方在多长时间内，在多大空间内，不从事、不参与从事和并购方相同或者有竞争关系的生产及销售业务。

在考察不竞争条款时，必须确保其核心内容不超过合理限度。并购方和被并购方至少应该对以下几个方面给予特别关注，如表 14-2 所示。

表 14-2　并购方和被并购方的关注要点

不竞争条款的关注方面	合理的限度
周期	分析被并购方是否涉及专有技术，如果涉及，则不竞争条款的周期最长为 3 年，否则一般不应该超过两年
地区	被并购方承担不竞争义务的范围应该仅限于其在交易前期提供产品或者服务的地区，一般不可以延伸至交易后期并购方新增加的地区，否则就有失公平
标的业务	仅限于被并购方在进行商业活动时所涉及的业务，包括产品或者服务
受到限制的主体	可以限制被并购方及其子公司、商业代理人，但是不可以限制被并购方的经销商、零售商，以及用户
对相关行为的限制	限制被并购方持有或者购买与并购方有直接竞争关系的公司的股权，这通常被认为是合理且必要的。但是不可以限制被并购方进行以获利为目的的投资

从经济学角度来看，在并购合同中加入不竞争条款其实是非常必要的，其目的在于保障被并购方的全部价值都可以转移至并购方。因此，为了在并购之后实现业务的平稳发展，如招揽新用户、维持老用户、吸收和利用专有技术等，并购方需要一些保护机制，使自己免受来自被并购方的竞争，确保被并购方的效益不因并购而贬损。

14.3.3 登记变更条款

并购往往会涉及登记变更，因此并购合同中需要有相应的条款。在并购时，只有当登记变更及备案工作全部完成以后，才可以视为相关的法律程序已经结束。为了让并购顺利进行，并购合同中应该规定登记变更的一些条款，其内容大致包括以下几项。

（1）办理登记变更的前提条件。

（2）各方应该提交的办理登记变更所需要的法律文件，以及提交的最后期限。

（3）登记变更的责任人。

（4）登记变更过程中的其他事项。

登记变更是具有法律效力的，在制定相应条款时，应该严格遵守法律、行政法规或者国务院决议。在进行登记变更时，并购方和被并购方需要向对方以及登记机关提交完整、真实的资料，以便维护各自的利益，规避可能出现的风险。

14.3.4　知情权条款

《公司法》第三十三条规定：股东有权查阅、复制公司章程、股东会会议记录、董事会会议决议、监事会会议决议和财务会计报告。出于维护并购方合法权利的需要，并购合同中应该有知情权条款，示例如下。

股东要求查阅资料的，应该向公司提出书面请求，并说明目的。公司有合理依据认为股东查阅资料有不正当目的，可能损害公司利益的，可以拒绝提供查阅，并应该自股东提出书面请求之日起十五天内书面答复股东并说明理由。公司拒绝提供查阅的，股东可以请求人民法院要求公司提供查阅。

根据规定，公司应该满足股东的知情权，并为其提供以下服务。

（1）在每月15日前向股东提供上个月的财务报告、经营报告和银行对账单。

（2）在每个季度结束后的5个工作日内，提供季度财务报表。

（3）在年度结束之后的90天内，提供经营报告和经过股东认可的、由会计师事务所审计确认无误的合并财务报表。

（4）在每一财务会计年度的 12 月 15 日前，提供下一年度的财务预算。

（5）所有财务报表必须按照《中国会计准则》编制。

此外，股东可以查阅公司及其附属公司的设施、账目，以及相关记录。为了降低风险，股东也有权随时对公司的财务状况进行核查，必要时还可以进行审计，并对财务管理模式提出合理化建议。但是对于原始凭证的查阅，目前还没有准确的定论，未来还需要进一步观察。

14.3.5 风险分析条款

并购是一项复杂并且系统的工程，这其中往往伴随着很多风险。如何精准识别这些风险，并通过条款的设置对其进行合理转移与分配，是公司应该重点关注的问题。在并购合同中，与风险有关的条款主要包括以下几个。

1. 争议解决条款

我们通过一个示例来了解争议解决条款及其设置要点。

（1）在本合同的签署和履行过程中，如果双方发生分歧或者争议，应该在遵守本合同原则和公平诚信的基础上尽量争取通过平等协商的方式解决。

（2）在协商不成或者不愿意协商的情况下，任何一方都享有直接向下述仲裁机关提起仲裁的权利（或向对方所在地法院提起诉讼的权利）。

（3）任何一方申请仲裁必须向中国国际经济贸易仲裁委员会提起，由该会依其规则进行仲裁。仲裁法庭将由三名成员组成，其中双方各选一名，由中国国际经济贸易仲裁委员会指定一名。仲裁是终局的，任何一方必须无条件履行。

2. 不可抗力条款

不可抗力条款的具体内容如下所示：

当发生地震、台风、水灾、火灾、战争等不能提前知晓并且对其后果不能预防和避免的不可抗力事件，使本合同不能履行或者不能按约履行时，遇有不可抗力事件的一方应该尽快通知另一方，并在十五天内提供由公证机关出具的关于该事件详情的证明文件。双方将按照不可抗力事件对履行合同的影响程度协商是否解除合同或者延期履行合同。

3. 其他约定

这是一个比较复杂的条款，我们应该根据需要设立其内容。下面来看一个示例。

（1）自本合同生效之日起，此前双方签署意向书、意向协议、框架协议、备忘录、纪要、记录等凡是内容与本合同冲突或不一致的，其内容一概废止。

（2）本合同的附件包括：××××。这些附件是本合同的组成部分，与本合同的效力等同。

（3）股东借款及处理方法：在转让股权时，将股东借款（债权）一并转让，但是需要单独作价，并且没有溢价；或者在转让股权之后，将受让方定为公司的债权人，这需要在股权转让之外履行一个债权转让程序，并在合同中载明一个指引条款。

并购是一个具有多种风险的活动，这样的活动往往需要以并购合同为保障。然而，并购合同本身也存在一定的风险，仅将并购放置于严苛的条款之下是远远不够的。与此同时，我们需要进一步控制与规避并购过程中的合同风险，制定缜密、牢固、完善的防范机制。这样才可以扫除陷阱，保障双方的利益，提高并购的实际效果。

第 15 章
股权并购文书制作及要点

在并购之前，并购方与被并购方会签订一些股权并购文书，包括股权并购可行性分析报告、股权并购方案、股权并购意向书、尽职调查报告、保密协议、股权并购合同。这些股权并购文书具有一定的法律效力，可以用来规定双方在并购过程中的权利和义务。无论是并购方还是被并购方，都应该了解和掌握股权并购文书的制作及要点。

15.1 股权并购可行性分析报告

作为并购过程中一个必不可少的关键环节，撰写股权并购可行性分析报告并不简单。首先需要对项目背景、目标公司情况进行全面了解；其次需要论述并购的必要性，以及制订并购实施计划、进行财务分析；再次是阐述并购后的相关事宜，包括公司的整合与经营、风险及应对措施；最后是给出结论及建议，为并购决策提供依据，为进一步开展工作奠定基础。

15.1.1 股权并购可行性分析报告范例

关于并购 ××× 公司股权的可行性分析报告

一、项目背景

1.股权并购的动因和背景。

2.目标公司筛选情况。

3.项目前期谈判进展情况。

4.股权出让方基本情况和出让原因。

二、目标公司情况

1.基本情况：名称、地址、注册资本、成立日期、经营期限、法人代表、属性、股权结构、主要股东情况、经营范围、法人治理结构、人力资源情况等。

2.资产现状：资产规模、资产主要构成、投资情况、资信状况等。

3.经营现状：产品（服务）、主要经营业绩、竞争力、主要客户情况、利润水平、技术水平、经营管理水平、经营管理中存在的风险等。

4.财务状况：近三年的财务报表、资产总额、净资产规模、流动资产、负债总额、盈利能力、现金流等。

三、并购的必要性论述

项目实施对公司的作用主要体现在以下几个方面。

1.实现公司战略目标。

2.增强公司核心竞争力。

3.优化公司产业链，解决发展瓶颈。

4.给公司带来经营协同效应，主要指并购后因经营活动效率提高所产生的效益。

5.给公司带来管理协同效应，主要指并购后因管理效率提高而带来的利润。

6.给公司带来财务协同效应。如税收优惠、合理避税等。

四、并购实施计划

1.实施计划：签订并购合同、缴纳出资、修改公司章程、办理工商变更登记、确定各进度的节点、编制进度表等。

2.资金运用：项目的前期费用、并购资金构成与使用情况、资金及各方出资额、银行贷款及其他社会融资的构成与来源、投资估算、股权交易价格、并购后对公司的投资等。

五、财务分析

1.财务分析依据：参照了《建设项目经济评价方法与参数》（第三版）、《投资项目可行性研究方法指南》、国家现行财税制度、具有评估资质的机构出具的资产评估报告和财务审计报告、公司的财务报表等依据。

2.并购后公司财务分析主要参数：评价期（包括建设期和运营期）、财务基准收益率、成本费用估算基础数据及参数、销售量和产品价格、有关税费规定、法定公积金比例、合资各方分配比例、境外股息汇回国内的税率。

3.并购后公司总成本费用估算。

4.并购后公司营业收入及税金估算。

5.并购后公司获利能力分析。

6.并购后公司经济评价指标：新公司税后内部收益率为 ×%，财务净现值为 × 万元，投资回收期为 × 年。

7.盈亏平衡分析：盈亏平衡点＝固定成本/（营业收入－可变成本－营业税金及附加）；盈亏平衡产量＝盈亏平衡点 × 当年产量。

8.敏感性分析：将公司出资、产品价格、销售量、成本、评价期限和利润分配政策等作为不确定因素。分析单因素在一定幅度内变化时对财务分析指标的影响程度，并编制敏感性分析表和敏感性分析图。

六、并购后公司的整合与经营

1.并购后公司的概况：名称、住所、注册地址、设立方式、法定代表人、属性、注册资本、股权结构、市场调查与预测等。

2.并购后公司的法人治理和议事规则：股东会、董事会和监事会，各方委派的高级管理人员名额和职责安排。以及股东会、董事会和监事会表决制度安排。

3.并购后公司的自主知识产权使用情况（无偿或有偿）。

4.并购后公司的经营：经营方式、盈利模式、盈利能力、存在的问题及解决的措施、工程建设项目、技术引进等。

七、风险及应对措施

1.影响风险的因素：资源风险、市场风险、资金风险、财务风险、法律风险、质量安全环保风险、政策风险和社会风险因素等。

2.影响风险的情况：资源的利用情况、产品的质量是否符合要求、土地与房屋等权属证明资料是否齐全、是否存在巨额债务、社会条件与社会环境发生变化。

3.风险应对措施：在对风险进行分析后，应提出防范建议和应对措施。

八、结论及建议

1.综合评价：对可行性分析中涉及的主要内容，概括性地给予总结和评价。

2. 结论：对可行性分析中涉及的主要内容及研究结果，给出明确的结论性意见，判断项目是否可行。

3. 存在的问题：对可行性分析中存在的问题进行汇总，并分析问题的严重性以及对各方面的影响程度。

4. 建议及实施条件：明确提出下一步工作中需要协调、解决的主要问题和建议；提出项目达到预期效果需要满足的实施条件。

九、附表

1. 并购投资估算表；

2. 并购后公司营业收入、营业税金及附加和增值税估算表；

3. 并购后公司总成本费用估算表；

4. 并购后公司固定资产折旧表；

5. 并购后公司无形资产其他资产摊销表；

6. 并购后公司人工费用估算表；

7. 并购后公司现金流量表；

8. 并购后公司的利润与利润分配表；

9. 并购后公司借款还本付息计划表；

10. 敏感性分析表；

11. 财务分析指标表。

十、附件

1. 项目立项批复文件；

2. 关于开展可行性研究报告的委托函；

3. 项目申报单位同意股权并购的决议文件；

4. 新公司章程（草案）；

5. 与股权出让方签订的投资协议书；

6. 评估报告、审计报告、财务尽职调查报告或法律尽职调查报告等；

7. 生产许可证和安全生产许可证；质量、安全、环境等管理体系认证证书；行业资格（资质）证书等；

8. 公司有关重要文件：营业执照、组织机构代码证、税务登记证、国有土地使用证、房屋所有权证等；

9. 其他需要提供的资料。

15.1.2　核心要点解析

在撰写股权并购可行性分析报告时，应该掌握以下几个核心要点。

（1）设计方案。股权并购可行性分析报告的主要任务是对公司和项目进行评估，在实际操作时应该先了解背景和相关情况，并以此为基础设计一个合理的方案。

（2）内容真实。股权并购可行性分析报告涉及的内容必须是真实、可靠的，不能有任何偏差或者失误。此外，股权并购可行性分析报告中的资料、数据、文件等都必须经过反复核实，以确保其有效性。

（3）预测准确。股权并购可行性分析报告是做出并购决策之前的活动，是对未来情况，以及可能遇到的问题和结果的估计。因此，其具有一定的预测性。为了让并购决策更科学，我们应该进行深入调查，搜集更多资料，运用切合实际的方法，准确预测发展趋势。

（4）论证严密。除了预测性以外，股权并购可行性分析报告还具有论证性。要想让这个特点发挥作用，必须采取有效策略，例如，以影响并购的各种因素为基础，对项目和公司进行系统分析。当然，这里所说的分析既包括宏观分析，也包括微观分析。

15.2　股权并购方案

不同的并购方案所构建的权利与义务是不同的，不同的权利与义务又意味着不同的优势与风险。并购方案没有固定模式，基本上都是诸多技巧的综合运用。不过，无论是哪一种模式的并购方案，都是为了保护并购方和被并购方的利益。了解股权并购方案的设计及具体操作非常有必要，这有利于解决并购实务中的高频问题和疑难问题。

15.2.1　股权并购方案范例

股权并购方案

基于对项目背景概况了解的局限，本方案就类似条件下的共性问题进行分析和设计。

一、项目背景

目标公司为 H 股份有限公司（以下简称 H 公司）。该公司由北京市一家国有集团出资成立，现经营状况良好，经省市政府批准为未来发展的重点项目。目前，H 公司的清产核资及资产评估工作基本结束，正处于征集受让方阶段。

正在征集的受让方，除 A 集团外，还有 B 公司有意并购。H 公司管理层及员工基于多年良好的合作关系以及对 A 集团的信赖，希望 A 集团能够成功并购，而对 B 公司的并购持否定态度。为此，对受让方提出诸如在北京市内设置并购公司等必要的受让条件。

A 集团是辽宁省的国有集团，辽宁省政府批准其出资并购 H 公司30% 的股权。

二、并购意图

此并购项目投资者为广东省的 C 公司。并购的终极目标为 A 集团持股 30%，H 公司的管理层持股 30%，C 公司持股 40%。由于北京市政府对 C 公司不了解，同时基于当地政策的限制，转让方要求必须以 A 集团的名义整体并购。

三、整体方案

整体方案原则上分为三个阶段。

整体并购阶段：签订产权转让合同。A 集团携其子公司 D 公司并购 H 公司，直接与 H 公司签订产权转让合同。A 集团持股 30%，资金由 A 集团按照辽宁省政府批准额度解决，余下的 70% 股权由 D 公司持有，并购资金由 C 公司以担保借款方式提供。

股权转让阶段：签订股权转让合同。在产权转让合同实际履行终结，工商注册登记完毕的基础上，依据借款合同的约定，将 D 公司持有的股权以债转股的方式转让给 C 公司。

管理层并购阶段。C公司先与A集团的管理层、自然人签订借款合同，然后将持有的70%股权中的30%转让给管理层。

前述三个阶段有各自的目的和要点，基本操作步骤如下：

（1）H公司成立改制组织进行前期准备活动；

（2）清产核资与产权界定、财务审计；

（3）资产评估；

（4）形成以改制方案为核心的改制文件；

（5）职代会通过；

（6）申请与办理报批手续；

（7）实施全体员工身份置换；

（8）取得债权人支持；

（9）出资或股东认缴股款；

（10）召开首次股东会议；

（11）变更公司登记和重新进行税务登记；

（12）相关权属登记。

四、并购与转让过程中的法律、政策风险的防范

从专业角度把握，还应着重考虑以下核心问题，以防范可能发生的法律及政策风险：

（1）规范操作，确保改制程序的合法化；

（2）提前介入，合法合规阻止B公司介入；

（3）聘请专业人员或机构，对并购价格进行审查与认定；

（4）妥善处理职工安置问题，回避风险并谋求合法利益；

（5）选择经济的土地使用权处置方案，有效降低并购成本；

（6）积极主动与银行债权人协调，取得债权人支持；

（7）及时办理相关权属登记，避免日后不必要的麻烦与纠纷。

上述意见仅限于一般问题原则上的分析和设计，随着项目的进一步深入进展，具体问题应该有具体的应对办法。

15.2.2　核心要点解析

撰写股权并购方案是一项"技术活"，在很短时间内撰写股权并购方案更是非常不容易。要想把这件事情做好，需要掌握以下几个核心要点。

（1）总结出双方都非常关心的几个关键点，如项目背景、并购意图、股权结构、实际控制人情况等。根据这几个关键点形成一个有利于以后交易和谈判的框架性文件。该部分内容比较好获取，因此不需要花费很长时间。

（2）设计整体方案。该部分需要详细介绍，而且要严谨、全面。在实际操作时，我们可以像上述股权并购方案范例那样将整体方案分为几个阶段，不过必须要考虑资本市场上最近已经发生的交易，以及股权转让的具体情况。

（3）借鉴行业经典案例。我们可以用 30 分钟或者 1 小时来搜集一些成功的行业经典案例，然后从中挖出细节、取长补短，并加以佐证。

（4）参考公司的实际情况，和股东进行简单沟通和交流，决定以何种方式并购，是现金并购，发行股票并购，还是混合方式并购。当然，我们也需要考虑是否应该募集资金。

（5）分析并购之后资本市场的预期涨幅。在这个部分，我们需要根据新增业务、股价增长预期、平均市盈率、承诺利润、承诺业绩表现等因素对公司进行重新估值。需要注意的是，重新估值的幅度不能太大，否则就会花费更多精力。

（6）做好多次修改和调整的准备。很多时候，即使股权并购方案做好了，也可能因为一些特殊原因而不得不对其进行修改和调整。例如，双方的股东性格不合、谈判过程中出现不可预测的分歧、市场出现波动等。总之，没有修改和调整过的股权并购方案，就算不上是一份优秀的股权并购方案，所以请让自己的心态强大起来。

以上仅为股权并购方案中比较关键的几个核心要点，在实际操作时还需要关注更多的细节。在通常情况下，一份公之于众的股权并购方案是经过并购方和被并购方无数次谈判，以及第三方无数次撮合之后才最终确定的，整个过程并不简单，需要我们有足够的耐心和毅力。

15.3　股权并购意向书

作为股权并购合同的谈判依据，股权并购意向书不具备法律效力，对并购方和被并购方没有太大约束力，但是我们也不能因为这样就忽略其重要性。在签订股权并购书之前，双方已经就并购中的一些重要问题达成了一致意见，并确定了合作意向。从这个方面来看，股权并购意向书代表了双方的利益和想法，是签订股权并购合同的前奏，具有较为关键的作用。

15.3.1　股权并购意向书范例

股权并购意向书

签订时间：

签订地点：

下列各方均已认真阅读和充分讨论本意向书，并在完全理解其含义的前提下签订本意向书。

甲方（转让方）：

住所：

法定代表人：

乙方（受让方）：

住所：

法定代表人：

鉴于：

1. 甲方是一家依据我国法律于×年×月×日在×市工商局注册成立的有限责任公司，依法持有A公司×%股权，而A公司是一家于×年×月×日在×市工商局注册成立的有限责任公司。

2. 乙方是一家依据我国法律于×年×月×日在×市工商行政管理局注册成立的有限公司，拟并购甲方持有的A公司×%股权。

甲、乙双方经协商一致，依据《中华人民共和国合同法》《中华人民共和国公司法》及相关法律法规的规定，达成如下协议，以资共同遵守。

第一条　目标公司概况

目标公司成立于×年×月×日，注册资本：人民币×万元，法定代表人：×××　住所：×××。

第二条　标的股权

本次并购的标的股权，为甲方持有的 A 公司 ×% 股权。甲方同意以本意向书所确定的条件及价格，转让标的股权；乙方同意以上述价格受让该股权。

第三条　股权转让价格及支付方式

1. 双方同意，乙方将以现金方式完成标的股权的并购。

2. 若无其他约定，在本次并购过程中，股权转让价款应当以人民币计价和支付。

3. 如确定并购，甲、乙双方一致同意本意向书下约定的股权转让价格为×元整（￥×　），但最终以甲、乙双方正式签订的股权转让协议的具体约定为准。

4. 并购价款的支付方式、支付条件及支付期限，由甲、乙双方在《股权转让协议》或其后附的补充协议中确定。

第四条　并购方案（视并购股权比例而定）

并购完成后，乙方持有 A 公司 100% 股权，A 公司成为乙方的全资子公司；甲方不再持有 A 公司的任何股权，并退出其经营管理。

第五条　相关问题的沟通、解答和补充

对于尽职调查报告与甲方披露的材料有疑问或问题的，乙方可以要求甲方进行补充披露或自己进行补充调查，甲方应予以配合。

第六条　股权转让基准日

1. 本意向书所称股权转让计价基准日是指确定目标公司股东权益的时日，自该日起转让股权在目标公司的利益转归受让方享有。

2. 本意向书项下的股权转让计价基准日暂定为×年×月×日。

第七条　或有债务及新债务

1. 甲方在此确认：将在乙方委托审计时向乙方全面、真实地说明目标公司已经存在的资产及债务情况，目标公司并不存在未披露的其他或然的债务或可能产生债务的事由，甲方对未被披露但已实际发生或因股权转让日之前的事由而致将来产生的全部债务向乙方承担等额的返还赔偿责任。

2. 甲方在此确认：除已披露、双方已认可的债务外，从尽职调查的审计终止日起至股权交割日，目标公司如发生任何新的债务或费用支出，甲方应实时书面通知乙方，并得到乙方的确认且股权转让价格随之调整，否则，由甲方承担等额的返还赔偿责任。

第八条　声明和保证

1. 甲方保证在签订本意向书时，目标公司拥有的资产未设置任何抵押、质押等他项权利，未被任何司法机关查封。甲方持有的目标公司股权未设置任何质押等他项权利，未被任何司法机关查封。

2. 甲方保证目标公司未对除已向乙方披露之外的任何人提供任何形式的担保。

3. 甲方保证在本意向书签订后，不会擅自采取任何方式处置目标公司的部分或全部资产，该处置包括但不限于质押、抵押、担保、租赁、承包、转让或者赠予等方式。如确需处置则事先应书面通知乙方。

4. 甲方保证目标公司为依照中国法律设定并有效存续的，具有按其营业执照进行正常合法经营所需的全部有效政府批文、证件和许可。

5. 甲方承诺目标公司在股权转让协议签订前所负的一切债务，由甲方承担；有关行政、司法部门对目标公司被此次并购之前所存在的行为所作出的任何提议、通知、命令、裁定、判决、决定所确定的义务，均由甲方承担。

第九条　费用分担

无论并购是否成功，因并购发生的费用按如下约定进行分摊。

1. 双方基于并购而支出的工作费用，包括差旅费、人员工资、资料刊印费、办公开支等，由各方自行承担。

2. 双方基于并购而支出的聘请相关中介为其服务的费用，包括聘请律师、投资顾问、财务顾问、技术顾问的费用等，由各方自行承担。

第十条　协议的效力和变更

1. 本意向书自双方签字或盖章后生效。

2.本意向书的任何修改必须经过双方的书面同意。

3.本意向书一式两份，甲、乙双方各执一份。

甲方：（签字或盖章）

乙方：（签字或盖章）

15.3.2　核心要点解析

股权并购意向是并购方和被并购方的原则性意向，而不是实际的目标和实施战略，所以其与并购协议还是有很大差异的。例如，并购协议的内容必须十分具体，而且还要有很强的可操作性。另外，并购协议应该是经过双方协商，并达成一致的，通常不可以修改。

股权并购意向书虽然也是双方协商的产物，但是在正式签署之后仍然可以修改（修改之前要征求对方的想法，获得对方的认可）。可见，股权并购意向书只是双方达成的一个初步成果，其作用是为之后的谈判做铺垫。只要谈判发展到相应阶段，双方的权利和义务，以及最终的合作正式确定下来，那么股权并购意向书的使命也就宣告结束了。

股权并购意向书往往建立在商业信誉基础上，虽然对并购方和被并购方有一定的约束力，但是不具备法律效力。因此，在撰写股权并购意向书时，我们只需要把双方已经认可的条款展示出来即可，不必过于吹毛求疵。当然，如果想让后面的环节更高效，那么就要尽量把股权并购意向书做得严谨、全面一些。

▣ 15.4　尽职调查报告

从并购方角度来看，尽职调查报告可以展示自己要并购的股权或者资产的具体情况，也有利于加强风险管理；从被并购方角度来看，提供尽职调查报告是责任和义务，也是促进并购正常进行的重要措施。

尽职调查报告可以弥补双方在信息获知上的不平衡。举例来说，如果通过尽职调查报告发现了潜在风险和法律问题，那么就能够及时制定出解决方案。当然，并购方也可以决定在什么样的条件下才会继续并购。

15.4.1　尽职调查报告范例

尽职调查报告

北京市××律师事务所（以下简称"本所"）接受A公司（以下简称"贵司"）之委托，为其拟进行的对B公司的股权并购，对B公司的相关法律状况进行尽职调查，并出具本尽职调查报告。

本报告仅供贵司为本次股权并购之目的使用，除可为本次股权并购之目的提供予其委聘的其他专业机构外，未经本所同意，不得用作任何其他用途，亦不得将其任何部分或全部披露于任何其他机构或个人。

一、本报告依据以下资料出具：

1. 本所向B公司的主管工商行政管理局进行工商调查所获取的文件资料。

2. B公司提供的文件资料。

3. B公司或贵司所作的陈述及所出具的书面确认。

为出具本报告，本所业已：向主管工商行政管理局进行工商调查；为出具本尽职调查报告所需要进行其他尽职调查，即要求B公司及贵司向本所提供为本次股权并购所需要的资料或说明。贵司及其他专业机构认为需补充进行法律尽职调查的事项或需在正式股权转让合同中约定的事宜，敬请及时告知本所。

二、在出具本报告时，本所假定：

1. 所有提供予本所的文件资料均为真实有效。

2. 所有文件资料上的盖章均为真实，所有在有关文件资料上的签字均为真实，签字人均有权，或已被适当授权签署该等文件。

3. 所有提供予本所的文件资料上所描述的情况均准确、真实。

4. B公司及贵司已就所有可能影响本报告的事实及文件均已向本所披露及提供，并无任何重大隐瞒、遗漏及误导。

5. 向本所所作的陈述及提供予本所的书面确认均真实、准确。

6. 于本报告出具之日，所有提供给本所的文件及其所披露的事实均未发生任何变更。

三、B公司的基本情况

（一）B公司及历史沿革

本所认为B公司的注册号变更、注册地址变更均已依照中国有关法律的有关规定，获审批机关的批准，并持有审批机关核发的营业执照，应属合法有效。

（二）董事及法定代表人

（1）董事及法定代表人基本情况

本所认为B公司之董事人选及法定代表人已依法在其主管的工商行政管理局登记、备案，应属合法有效。

B公司于2020年7月20日向本所出具确认函，确认：B公司的股权不存在设定质押，不存在司法冻结情形。

本所认为：股东是B公司合法有效的股东，B公司的股东变更及历次股权转让业经主管工商登记机关的核准，符合中国有关法律规定。

（2）存续情况

B公司自成立以来，均已依照有关中国法律的规定，办理及通过了历次年度的工商年检。

四、建设许可及B公司经营范围的特别许可

略。

五、债务及或有债务

B公司于2020年7月20日向本所出具确认函，确认：除已披露的上述抵押担保外，B公司无其他对外担保债务。

六、B公司资产

略。

七、员工及劳动合同

B公司未向本所提供员工工资发放表、劳动合同等任何员工资料。

2020年7月25日，B公司向本所出具说明，表明：B公司无员工工资发放表及用工合同。本所认为，员工安置问题属于股权并购的重要问题之一。本所建议，贵司应在股权并购之前，就B公司员工安置问题与股权转让方进一步磋商确定。

八、税务

B公司已办理税务登记，并领取了×××国家税务局和地方税务局于××年××月××日联合颁发的税登字第[××]号税务登记证。

九、诉讼或仲裁

本报告出具之日止，B公司未向本所披露有尚未了结的诉讼、仲裁案件及行政调查、处罚案件。

本报告谨供贵司参考。

15.4.2 核心要点解析

虽然很多公司都会把尽职调查报告交给第三方去撰写，如律师事务所，但是我们也不能对此一无所知。在尽职调查报告中，一般有以下几个核心要点。

（1）第三方会根据公司提供的信息和资料制定一版初稿，然后再交由相关负责人审核。审核完毕之后，公司会为第三方提供反馈意见，第三方则会根据反馈意见进行补充。简单来说，尽职调查报告的撰写过程其实是第三方和公司互动的过程。

（2）在审核尽职调查报告时，一个关键的思路是明确双方的需求和顾虑。尽职调查报告的内容和结果会对并购行为与并购决策产生很大影响。我们不能只局限于一些表面信息和资料，而是要挖掘其中隐藏的深层内涵。

（3）尽职调查报告大多采用金字塔结构，如"背景—冲突—疑问—方案"等。这种结构更有说服力，而且也可以通过还原公司的真实情况使尽职调查报告更具带入感。

（4）尽职调查报告的撰写技巧有三个：第一，语言恰当得体，要充分表达观点和意见；第二，适当运用一些曲线图、比较图、数据表等，以使其更为直观；第三，内容要量化，要反映公司的现状。

尽职调查报告可以反映各方（并购方、被并购方、律师事务所等第

三方）的工作成果，应当引起我们重视。具体的尽职调查报告可以参考
15.4.1 的范例。

15.5　保密协议

商业秘密是一个公司的核心竞争力，它关乎公司的生存和发展，对
公司的权力和经济效益至关重要。所以，在并购时签订保密协议是十分
必要的。对于没有经验的创业者来说，撰写保密协议并不简单，本节就
来解决这个问题。

15.5.1　保密协议范例

股权并购保密协议

甲方：

法定代表人：

地址：

乙方：

法定代表人：

地址：

因乙方现正在与甲方商谈并购事宜，已经（或将要）知悉甲方的商
业秘密。为了明确乙方的保密义务，有效保护甲方的商业秘密，防止该
商业秘密被公开披露或以任何形式泄露，根据《中华人民共和国合同法》
《中华人民共和国劳动法》《中华人民共和国反不正当竞争法》有关规定，
甲、乙双方本着平等、自愿、公平和诚实守信原则签订本保密协议。

第一条：商业秘密

1.本协议所称商业秘密包括财务信息、经营信息和甲方《文件管理
办法》中列为绝密、机密级的各项文件。乙方对此商业秘密承担保密义务。

本协议之签订可认为甲方已对自己的商业秘密采取了合理的保护措施。

2.财务信息指甲方拥有或获得的有关生产和产品销售的财务方案、财务数据等一切有关的信息。

3.经营信息指有关商业活动的市场行销策略、货源情报、定价政策、不公开的财务资料、合同、交易相对人资料、客户名单等销售和经营信息。

4.甲方依照法律规定和在有关协议的约定中对外承担保密义务的事项，也属本保密协议所称的商业秘密。

第二条：保密义务人

乙方为本协议所称的保密义务人。保密义务人同意为甲方利益尽最大努力，在商谈期间不出现任何不正当使用甲方商业秘密的行为。

第三条：保密义务人的保密义务

1.保守商业秘密，保证不被披露或使用，包括意外或过失。

2.在商谈期间，保密义务人即乙方未经授权，不得以竞争为目的，或出于私利，或为第三人牟利，或故意加害于甲方，擅自披露、使用商业秘密，制造再现商业秘密的器材，取走与商业秘密有关的物件；不得直接或间接地向甲方内部、外部的无关人员泄露商业秘密；不得向不承担保密义务的任何第三人泄露商业秘密。

3.如果发现商业秘密被泄露或者因过失而泄露商业秘密，应当采取有效措施防止泄密范围进一步扩大，并及时向甲方报告。

4.商谈结束后，乙方应将与工作有关的财务资料、经营信息等交还甲方。

第四条：保密义务的终止

1.甲方授权同意披露或使用商业秘密。

2.有关的信息、技术等已经进入公共领域。

3.甲、乙双方商谈，股权并购事宜履行完毕。

第五条：违约责任

1.保密义务人，即乙方违反协议中的保密义务，应承担违约责任。

2.乙方如将商业秘密泄露给第三人，或使用商业秘密使甲方遭受损失的，乙方应对甲方进行赔偿，其赔偿数额不少于由于其未履行义务而给甲方带来的损失。

3.因乙方恶意泄露商业秘密给甲方造成严重后果的，甲方将通过法律手段追究其侵权责任。

第六条：争议的解决方法

因执行本协议而发生纠纷的，可以由双方协商解决，或共同委托双方信任的第三方调解。协商、调解不成，或者一方不愿意协商、调解的，争议将提交××仲裁委员会，按该委员会的规则进行仲裁。仲裁结果是终局性的，对双方均有约束力。

第七条：双方确认

在签署本协议前，甲、乙双方已经详细审阅了协议内容，并完全了解协议各条款的法律含义。

第八条：协议的效力和变更

1.本协议自双方签字或盖章后生效。

2.本协议的任何修改必须经过双方书面同意。

3.本协议一式两份，甲、乙双方各执一份。

甲方：（签字或盖章）　　　　　　乙方：（签字或盖章）

　　年　月　日　　　　　　　　　　　年　月　日

15.5.2　核心要点解析

在撰写保密协议时，应该掌握以下几个核心要点。

（1）在撰写保密协议之前，应该根据公司的性质和实际情况分析哪些人员会接触到商业秘密，然后将这些人员列入保密主体的范围。另外还应该确定保密的范围，如技术信息、经营管理资料、组织性文件、特殊约定的其他商业秘密等。

（2）法律对保密协议的期限没有规定。这就意味着，保密协议可以是长期的，也可以是短期的。因此，我们可以在保密协议中约定，从签署之日一直到商业秘密公开之日，任何人员都不得披露使用或许可他人使用公司的商业秘密。

（3）明确保密协议中的义务是双向还是单向，哪一方需要进行信息披露，哪一方需要进行信息分析。把义务明确好以后，就可以在保密协议中保护自身利益。在并购过程中，被并购方会要求并购方不得披露商业秘密，以及正在谈判的内容和细节。其实，并购方也希望被并购方不披露其身份和交易数据。因此，在保密协议中加入对并购方有利的条款也是可以的，这能够拉近双方的关系，更好地促进并购的完成。

因为并购事宜，有些商业秘密可能需要公开。为了明确双方的义务和责任，充分保护双方的商业秘密，防止商业秘密被以任何形式披露出去，有必要签订保密协议。此举也为之后可能发生的分歧，以及潜在的风险提供了解决依据。

📖 15.6 股权并购合同

股权并购合同是并购的主要依据，通常由并购方起草，然后交由被并购方调整和修改。一份正式的股权并购合同一定经过了数次谈判，并且涵盖了双方都认可的谈判结果。一般来说，因为每个公司的具体情况存在一定差异，所以股权并购合同的内容也不会完全相同。这就需要我们审视自己，根据自己的现状去操作。

15.6.1 股权并购合同范例（以股权转让并购为例）

股权并购合同

转让方：（以下简称甲方）

住址：

身份证号码：

联系电话：

受让方：（以下简称乙方）

住址：

身份证号码：

联系电话：

上海市××××有限公司（以下简称A公司）于××年3月9日在上海市设立，由甲方与×××合资经营，注册资金为人民币50万元。其中，甲方占50%的股权。现在，甲方自愿将这部分股权转让给乙方，乙方也同意受让。现甲、乙双方根据《中华人民共和国公司法》和《中华人民共和国合同法》的规定，经协商一致，就股权转让事宜达成如下协议：

一、股权转让的价格及转让款的支付期限和方式

1. 甲方占有A公司50%的股权，根据A公司章程规定，甲方应出资人民币25万元，实际出资人民币25万元。现甲方将其占A公司50%的股权以人民币11万元（大写：壹拾壹万元）转让给乙方。

2. 乙方应于本合同生效之日起按前款规定的币种和金额将股权转让款以银行转账方式分三次支付给甲方，具体支付安排如下：

第一期，应在××年4月1日前支付转让款5万元（大写：伍万元）；

第二期，应在××年8月1日前支付转让款4万元（大写：肆万元）；

第三期，应在××年12月31日前支付转让款2万元（大写：贰万元）。

所有支付的转让款应转账至以下账户，否则视为乙方未支付转让款：

银行：

账户：

账号：

二、甲方保证对其拟转让给乙方的股权拥有完全处分权，保证该股权没有设定质押，保证股权未被查封，并免遭第三人追索，否则甲方应当承担由此引起的一切经济和法律责任。

三、有关A公司盈亏（含债权债务）的分担

1. 本合同生效后，乙方按受让股权的比例分享A公司的利润，分担相应的风险及亏损。

2. 如因甲方在签订本合同时，未如实告知乙方有关A公司在股权转让前所负债务，致使乙方在成为A公司的股东后遭受损失的，乙方有权向甲方追偿。

四、违约责任

1. 本合同一经生效，双方必须自觉履行，任何一方未按合同的规定全面履行义务，应当依照法律和本合同的规定承担责任。

2. 如乙方不能按期支付股权转让款，每逾期一天，应向甲方支付逾期部分转让款的万分之五的违约金。如因乙方违约给甲方造成损失，乙方支付的违约金金额低于实际损失的，乙方必须另予以补偿。

3. 如由于甲方的原因，致使乙方不能如期办理变更登记，或者严重影响乙方实现订立本合同的目的，甲方应按照乙方已经支付的转让款的万分之五向乙方支付违约金。如因甲方违约给乙方造成损失，甲方支付的违约金金额低于实际损失的，甲方必须另予以补偿。

五、合同的变更或解除

甲、乙双方经协商一致，可以变更或解除本合同。经协商变更或解除本合同的，双方应另签订变更或解除合同，并经上海市公证处公证（如果是外商投资的公司，须报请审批机关批准）。

六、有关费用的负担

在本次股权转让过程中发生的有关费用（如公证、评估或审计、工商变更登记等费用），由甲方承担。

七、争议解决方式

因本合同引起的或与本合同有关的任何争议，甲、乙双方应友好协商解决，如协商不成，按照下列方式解决（任选一项，且只能选择一项，在选定的一项前打"√"）：

（1）向上海市仲裁委员会申请仲裁

（2）提交中国国际经济贸易仲裁委员会相关分会在上海市进行仲裁

（3）向有管辖权的人民法院起诉

八、生效条件

本合同经甲、乙双方签字（盖章）并经上海市公证处公证后（如果是外商投资的公司，须报请审批机关批准后）生效。双方应于合同生效后依法向工商行政管理机关办理变更登记手续。

九、本合同一式四份，甲、乙双方各执一份；A公司、上海市公证处各执一份，其余报有关部门。

转让方：

受让方：

年　月　日

15.6.2 核心要点解析

对于股权并购合同的撰写，大家可以参考 15.6.1 的范例，在此不作过多解释。接下来为大家介绍一些与股权并购合同息息相关的核心要点。

（1）除了上述范例中的条款以外，其实还可以设置一些附加条款，如员工安排条款、"分手费"条款、审批条款、免责条款、先决条件、过渡条款等。这些附加条款是专门为一些比较特殊的并购而设置的，其内容要更严谨、要全面。

（2）在签署股权并购合同后的 30 日内，并购方与被并购方应该发布公告。同时，双方还需要与债权人进行协商，就并购之后的债权达成一致意见，以确保并购能够顺利完成。实际上，发布公告主要就是为了让债权人可以申报自己的债权，从而在并购之前采取相应的措施，保全自己的债权。

（3）在还没有完全了解被并购方的真实情况（有些事情很难在短期内完全了解），或者双方尚未就未来经营战略达成一致意见之前，最好不要随便签订股权并购合同。即使要签订，也要把分期并购方案加入股权并购合同中，这样可以有效控制交易风险。

（4）根据并购类型设置相关条款。如果是并购部分股权，那么就应该在股权并购合同中表明，只有排除公司其他股东的优先购买权之后才可以并购；如果是针对控股权的并购，那么就应该把财产以及债务情况展示在股权并购合同中；如果是针对特定资产并购，那么股权并购合同中就应该包括特定资产的现状，包括是否存在权利瑕疵等。

（5）为了保护并购方的合法权益，股权并购合同中应该有保障条款，例如排他条款、不公开条款、提供资料及信息条款、锁定条款等。这些保障条款可以防止被并购方出现反悔的情况，排除被并购方拒绝被并购的可能性。

对于被并购方、并购方、股东、债权人，甚至员工来说，并购都是一件比较大的事情。因此，在撰写股权并购合同时，应该进行深入交流和仔细商谈，而且还要清楚各项条款的具体内容，以防止并购之后产生不必要的纠纷。

附　录
融资新法律法规及解读

附录一　《发行监管问答——关于引导规范上市公司融资行为的监管要求（修订版）》

问： 《上市公司证券发行管理办法》第十条、《创业板上市公司证券发行管理暂行办法》第十一条对上市公司再融资募集资金规模和用途等方面进行了规定。请问，审核中对规范和引导上市公司理性融资是如何把握的？

答： 为规范和引导上市公司聚焦主业、理性融资、合理确定融资规模、提高募集资金使用效率，防止将募集资金变相用于财务性投资，再融资审核按以下要求把握：

一是上市公司应综合考虑现有货币资金、资产负债结构、经营规模及变动趋势、未来流动资金需求，合理确定募集资金中用于补充流动资金和偿还债务的规模。通过配股、发行优先股或董事会确定发行对象的非公开发行股票方式募集资金的，可以将募集资金全部用于补充流动资金和偿还债务。通过其他方式募集资金的，用于补充流动资金和偿还债务的比例不得超过募集资金总额的30%；对于具有轻资产、高研发投入特点的企业，补充流动资金和偿还债务超过上述比例的，应充分论证其合理性。

二是上市公司申请非公开发行股票的，拟发行的股份数量不得超过本次发行前总股本的20%。

三是上市公司申请增发、配股、非公开发行股票的，本次发行董事会决议日距离前次募集资金到位日原则上不得少于18个月。前次募集资金基本使用完毕或募集资金投向未发生变更且按计划投入的，可不受上述限制，但相应间隔原则上不得少于6个月。前次募集资金包括首发、增发、配股、非公开发行股票。上市公司发行可转债、优先股和创业板小额快速融资，不适用本条规定。

四是上市公司申请再融资时，除金融类企业外，原则上最近一期末不得存在持有金额较大、期限较长的交易性金融资产和可供出售的金融资产、借予他人款项、委托理财等财务性投资的情形。

注

一、《上市公司证券发行管理办法》第十条规定，上市公司募集资金的数额和使用应当符合下列规定：

（一）募集资金数额不超过项目需要量；

（二）募集资金用途符合国家产业政策和有关环境保护、土地管理等法律和行政法规的规定；

（三）除金融类企业外，本次募集资金使用项目不得为持有交易性金融资产和可供出售的金融资产、借予他人、委托理财等财务性投资，不得直接或间接投资于以买卖有价证券为主要业务的公司；

（四）投资项目实施后，不会与控股股东或实际控制人产生同业竞争或影响公司生产经营的独立性；

（五）建立募集资金专项存储制度，募集资金必须存放于公司董事会决定的专项账户。

二、《创业板上市公司证券发行管理暂行办法》第十一条规定，上市公司募集资金使用应当符合下列规定：

（一）本次募集资金用途符合国家产业政策和法律、行政法规的规定；

（二）除金融类企业外，本次募集资金使用不得为持有交易性金融资产和可供出售的金融资产、借予他人、委托理财等财务性投资，不得直接或者间接投资于以买卖有价证券为主要业务的公司；

（三）本次募集资金投资实施后，不会与控股股东、实际控制人产生同业竞争或者影响公司生产经营的独立性。

附录二　稳步推进证券公开发行注册制解读

各省、自治区、直辖市人民政府，国务院各部委、各直属机构：

《中华人民共和国证券法》（以下简称《证券法》）已由十三届全

国人大常委会第十五次会议于 2019 年 12 月 28 日修订通过，自 2020 年 3 月 1 日起施行。为做好修订后的证券法贯彻实施工作，经国务院同意，现就有关事项通知如下。

一、充分认识证券法修订的重要意义

本次《证券法》修订系统总结我国资本市场改革发展、监管执法、风险防控的实践经验，作出全面推行证券发行注册制、显著提高证券违法成本、完善投资者保护制度、强化信息披露义务、压实中介机构责任等制度改革，为打造一个规范、透明、开放、有活力、有韧性的资本市场提供了有力法制保障，对于深化金融供给侧结构性改革，健全具有高度适应性、竞争力、普惠性的现代金融体系，维护国家经济金融安全具有重要意义。各地区、各有关部门要充分认识本次证券法修订的重要意义，做好学习宣传，分类分层开展培训，不断提高证券行政执法人员依法行政、依法监管、依法治市能力。

二、稳步推进证券公开发行注册制

（一）分步实施股票公开发行注册制改革。证监会要会同有关方面依据修订后的证券法和《关于在上海证券交易所设立科创板并试点注册制的实施意见》的规定，进一步完善科创板相关制度规则，提高注册审核透明度，优化工作程序。研究制定在深圳证券交易所创业板试点股票公开发行注册制的总体方案，并及时总结科创板、创业板注册制改革经验，积极创造条件，适时提出在证券交易所其他板块和国务院批准的其他全国性证券交易场所实行股票公开发行注册制的方案。相关方案经国务院批准后实施。

在证券交易所有关板块和国务院批准的其他全国性证券交易场所的股票公开发行实行注册制前，继续实行核准制，适用本次证券法修订前股票发行核准制度的规定。

（二）落实好公司债券公开发行注册制要求。依据修订后的《证券法》规定，公开发行公司债券应当依法经证监会或者国家发展改革委注册。依法由证监会负责作出注册决定的公开发行公司债券申请，由证监会指定的证券交易所负责受理、审核。依法由国家发展改革委负责作出注册决定的公开发行公司债券申请，由国家发展改革委指定的机构负责受理、审核。申请公开发行公司债券的发行人，除符合《证券法》规定的条件外，还应当具有合理的资产负债结构和正常的现金流量。鼓励公开发行公司债券的募集资金投向符合国家宏观调控政策和产业政策的项目建设。

（三）完善证券公开发行注册程序。证监会指定的证券交易所等机构、国家发展改革委指定的机构按照规定受理、审核公开发行证券申请，主要通过审核问询、回答问题方式开展审核工作，督促发行人完善信息披露内容，并根据审核情况提出同意发行或终止审核的意见。证监会、国家发展改革委收到有关机构报送的审核意见、发行人注册申请文件及相关审核资料后，履行发行注册程序。证监会、国家发展改革委应当制定发布相关证券公开发行注册的具体管理办法。

三、依法惩处证券违法犯罪行为

严格落实修订后的《证券法》规定，进一步完善证券监管执法标准，提高监管能力和水平。加大对欺诈发行、违规信息披露、中介机构未勤勉尽责以及操纵市场、内幕交易、利用未公开信息进行证券交易等严重扰乱市场秩序行为的查处力度。加强行政执法与刑事司法衔接，强化信息共享和线索通报，提高案件移送查处效率。公安机关要加大对证券违法犯罪行为的打击力度，形成有效震慑。

四、加强投资者合法权益保护

有关部门要认真贯彻修订后的《证券法》，采取有力有效措施，依法保护投资者特别是中小投资者合法权益。要积极配合司法机关，稳妥推进由投资者保护机构代表投资者提起证券民事赔偿诉讼的制度，推动完善有关司法解释。严格执行信息披露规定，完善有关规则，明确信息披露媒体的条件，做好规则修订前后的过渡衔接，依法保障投资者知情权。

五、加快清理完善相关规章制度

证监会、司法部等部门要对与《证券法》有关的行政法规进行专项清理，及时提出修改建议。有关部门要对照《证券法》修订后的新要求，抓紧组织清理相关规章制度，做好立改废释等工作，做好政策衔接。

附录三　《关于全国中小企业股份转让系统挂牌公司转板上市的指导意见》

为建立转板上市机制，规范转板上市行为，统筹协调不同上市路径的制度规则，做好监管衔接，证监会发布《关于全国中小企业股份转让系统挂牌公司转板上市的指导意见》（以下简称《指导意见》）。

建立转板上市机制是落实党中央、国务院决策部署的重要举措，有助于丰富挂牌公司上市路径，打通中小企业成长壮大的上升通道，加强多层次资本市场的有机联系，增强金融服务实体经济能力。

2020年3月6日至2020年4月5日，我会通过官网、微信、微博等渠道，就《指导意见》向社会公开征求意见。征求意见期间，收到来自企业、证券公司、基金公司、行业自律组织及社会公众的意见共计13份。总体看，各方对《指导意见》给予积极正面反馈，所提意见主要是进一步细化《指导意见》有关内容，明确有关工作安排。经逐条研究，各方意见建议已基本吸收采纳，部分事项拟在沪深交易所、全国股转公司及中国结算有关业务规则中明确，如转板上市的具体条件、审核标准、保荐程序、停复牌安排、转板上市后的再融资安排、股份限售的具体安排等。

《指导意见》主要内容包括三个方面。一是基本原则。建立转板上市机制将坚持市场导向、统筹兼顾、试点先行、防控风险的原则。二是主要制度安排。对转入板块的范围、转板上市条件、程序、保荐要求、股份限售等事项作出原则性规定。三是监管安排。明确证券交易所、全国股转公司、中介机构等有关各方的责任。对转板上市中的违法违规行为，依法依规严肃查处。上交所、深交所、全国股转公司、中国结算等将依据《指导意见》制定或修订业务规则，进一步明确细化各项具体制度安排。

下一步，证监会将组织上交所、深交所、全国股转公司、中国结算等做好转板上市各项准备工作，并根据试点情况，评估完善有关制度安排。

附录四　新三板转板解读

2020年3月6日，证监会发布了《转板上市指导意见（征求意见稿）》（以下简称《指导意见》），明确新三板挂牌公司转板到上海证券交易所和深圳证券交易所上市的制度安排。

《指导意见》对转入板块的范围、转板上市条件、程序、保荐要求、股权限售等事项作出原则性规定，并指出，建立转板上市机制有助于丰富挂牌公司上市路径，打通中小微公司成长壮大的上升通道，加强多层次资本市场的有机联系，增强金融服务实体经济能力。

从整体上来看，新的《指导意见》主要有以下十大要点。

（1）试点期间，符合条件的挂牌公司可申请转板到科创板或创业板上市。

（2）申请转板上市的公司应该为新三板精选层的挂牌公司，并且必须在精选层连续挂牌一年以上，同时还应该符合转板上市的条件，以防止造成精选层大规模转板。

（3）上海证券交易所、深圳证券交易所、全国股转公司等将依据有关法律法规和《指导意见》制定或修订有关业务政策，明确转板的进一步安排。

（4）转板上市的条件应该与首次公开发行并上市的条件保持基本一致，证券交易所可以根据监管需要提出差异化要求。

（5）申请转板上市的公司应该按照证券交易所有关规定聘请证券公司担任上市保荐人。

（6）转板上市属于股票交易场所的变更，不涉及股票公开发行，由上海证券交易所、深圳证券交易所依据上市规则进行审核并作出决定。

转板上市的程序通常是：公司履行内部决策程序后提出转板上市的

申请，证券交易所审核并作出是否同意转板上市的决定。公司在新三板终止挂牌以后，可以在上海证券交易所、深圳证券交易所上市交易。

（7）监管要求上海证券交易所、深圳证券交易所加大转板上市的审核力度，明确转板上市的衔接流程，建立转板上市的审核沟通机制，确保审核尺度基本一致。

（8）证监会将加强对证券交易所审核工作的监督，定期或不定期对证券交易所审核工作进行现场检查或者非现场检查。

（9）股权限售安排。在销售股权时，不仅要符合法律法规的要求，还要符合证券交易所业务政策的规定。

（10）转板上市应该遵循市场导向、统筹兼顾、试点先行、防控风险4个原则，着眼于促进多层次资本市场优势互补、错位发展，为不同发展阶段的公司提供差异化、便利化服务。

附录五　《上市公司并购重组审核工作规程》

第一章　总则

第一条　为进一步规范上市公司并购重组审核，提高审核效率，增强审核透明度，根据《行政许可法》《中国证监会行政许可实施程序规定》等法律法规以及上市公司并购重组监管实际情况，制订本规程。

第二条　审核人员不得超越法定权限、违反法定程序、超过法定期限实施行政许可。

第三条　审核人员应当遵守国家和证监会各项廉洁自律规定。不得与申请人、中介机构或请托人私下接触；不得利用职务便利谋取不正当利益；不得收受申请人、中介机构及请托人的财物，以及可能影响公正执行公务的礼品、礼金、消费卡等。

第四条　审核人员应当遵守各项保密规定。不得泄露审核过程知悉的商业秘密；不得探询与履行职责无关的信息；不得泄露会议讨论情况、签批意见等信息。

第五条　审核人员遇有可能影响公正执行公务的情形时，应当主动申请回避，不得对应回避事项施加影响。审核人员应当遵守任职回避和公务回避有关规定，不得从事与监管职责有利益冲突的行为。

第六条 反馈意见的发出、提请重组委会议应分别由反馈会、审核专题会集体决定。重组预案披露、受理、审核中遇到的疑难复杂问题，应按程序提请法律、会计专业小组集体研究。涉及重大政策把握的，还应按程序提请部务会研究决策。审核流程各环节遇到的重大事项或突发情况，应当逐级报告。

第七条 审核决策会议应当妥善做好会议记录，形成会议纪要。会见沟通、约谈提醒均应在办公场所进行，应由两名以上工作人员参加，做好书面记录，相关人员签字确认后，部门存档。

第二章　重组预案披露

第八条 上市公司重大资产重组预案（以下简称"重组预案"）的披露纳入沪深证券交易所（以下简称交易所）信息披露直通车范围，交易所对重组预案进行事后审核。

第九条 涉及重大无先例事项的，上市公司或中介机构可与交易所沟通，沟通应在停牌后进行，交易所应当作出明确答复意见。

交易所依据现有政策法规无法作出判断的，应当提出处理建议并函询上市部，除涉及重大监管政策把握外，上市公司监管部（以下简称上市部或我部）原则上应当在 10 个工作日内回复。

上市公司或中介机构对交易所意见存在异议的，可与上市部直接沟通，并提前书面提交沟通申请，上市部原则上在 2 个工作日内作出安排。

第三章　受理

第十条 申报材料由办公厅接收后送达上市部，当日完成申报材料核对和签收，指定受理审查人员。

第十一条 受理审查人员应当按照相关法律法规的规定，对申报材料进行形式审查。原则上应在 3 个工作日内完成受理审查、填写受理工作底稿，提出是否受理或补正的建议。补正建议应当一次性提出，经受理处室负责人签批后送交办公厅，由办公厅统一通知申请人。

申报材料为补正材料的，受理审查人员原则上应当在 1 个工作日内提出是否受理的建议。

第十二条　受理处室提出的受理或不予受理建议，经部门负责人签批后送交办公厅，由办公厅统一通知申请人。

第四章　预审

第十三条　审核小组由三人组成，按照标的资产所属行业试行分行业审核。受理重组申请到召开反馈会原则上不超过 10 个工作日，特殊情形除外。初审实行静默期制度，接收申报材料至反馈意见发出之前为静默期，审核人员不得接受申请人来电、来访等任何形式的沟通交流。

第十四条　反馈会由审核处室负责人主持，审核小组组长、审核人员参加，讨论初审中关注的主要问题、拟发出的反馈意见、并购重组项目执业质量评价等。

第十五条　重组事项相关问题存疑、存在投诉举报或媒体质疑的，经反馈会议决定，可请派出机构实地核查。

实地核查未发现问题的，审核工作按程序推进；实地核查发现问题的，视情况处理。

第十六条　申请材料存在重大瑕疵的，上市部对该单重组项目的财务顾问执业质量评级为 C，并约谈提醒财务顾问。

第十七条　反馈会后，相关处室起草反馈意见，经处内交叉复核后报部门负责人签批后送交办公厅，由办公厅统一通知申请人。

第十八条　反馈意见发出后，上市公司或中介机构对反馈意见存在疑问的，可以提出沟通申请，上市部在 2 个工作日内作出安排。

第十九条　审核专题会由部门负责人主持，处室负责人及审核人员参加，讨论决定是否将许可申请提交并购重组委审议。专题会议应对整体交易方案、反馈中关注问题、反馈意见落实情况、投诉举报、提请重组委关注事项等问题进行全面、详细讨论。全体参会人员需逐一发表个人意见，对经会议讨论后的审核报告，所提关注问题获多数人同意后，依程序写入会议纪要。

审核专题会开始时间应当在收市后。

反馈会建议直接提请审核专题会讨论的，或者申请人报送反馈意见回复后、经审核反馈问题基本落实的，可以提交审核专题会审议。从申请人报送反馈意见回复到召开审核专题会，原则上不超过 10 个工作日。

第五章　重组委会议

第二十条　上市部原则上应在审核专题会召开后1个工作日内安排重组委会议。因拟上会企业较多，需要分次安排重组委会议的，时间可以顺延。

上市部按照分组顺序通知重组委委员（以下简称委员）参会，委员确因回避等事项无法参会的，依次顺延。参会委员确定后，当天发布重组委会议公告。

第二十一条　公告发布后，委员因特殊原因无法参会或无法按时参会的，应及时告知上市部。上市部发布补充公告，会议延期或另行安排委员参会。

第二十二条　重组委会议由委员主持，委员对重组项目逐一发表意见；申请人及中介机构到会陈述和接受委员询问，人数原则上不超过8人，时间不超过45分钟；申请人回答完毕退场后，召集人可以组织委员再次进行讨论。

重组委会议表决结果当场公布，当日对外公告。会议全程录音，录音记录上市部存档。

第二十三条　重组申请获有条件通过的，申请人应在10个工作日内将会后反馈回复及更新后的重组报告书报送上市部，上市部当日送达委员，委员应在2个工作日内作出无异议确认或者不确认的决定。

存在委员作出不确认意见情形的，上市部将委员意见再次反馈重组申请人及中介机构。申请人再次报送会后反馈回复后，无异议确认的委员数量未达到3名的，应重新召开重组委会议。

第六章　审结

第二十四条　重组申请获无条件通过或未获通过的，财务顾问应当在重组委会议召开后2个工作日内，协助办理申请材料封卷。

重组申请获有条件通过的，财务顾问应当在落实重组委意见后2个工作日内，协助办理申请材料封卷。

封卷材料经审核人员和财务顾问核对无误后，审核人员签字确认。

第二十五条　封卷后审核处室启动审结程序，起草审结签报，上报签批。

附 则

第二十六条 并购重组审核过程、审核信息对外公开。包括材料接收、补正、受理、反馈、反馈回复、重组委审议、审结在内的全部审核时点信息，以及审核反馈意见，在证监会外网对外公示，每周五收市后更新，节假日顺延。

第二十七条 本规程由上市部负责解释，自发布之日起施行。